Kurt Tepperwein / Felix Aeschbacher • Zur Göttlichkeit erwachen

Kurt Tepperwein / Felix Aeschbacher

# Zur Göttlichkeit erwachen

Eins mit dem Leben – eins mit Gott

Erstveröffentlichung © 2005 by Ennsthaler Verlag, Steyr
Originaltitel: „Zur Göttlichkeit erwachen - Eins mit dem Leben, eins mit Gott"

2. Auflage
2020 © by IAW Anstalt, Vaduz
www.iadw.com

ISBN: 978-3-7526-7287-9

Die Deutsche Nationalbibliothek verzeichnet diese Publikation
in der Deutschen Nationalbibliografie; detaillierte bibliografische Daten
sind im Internet über www.dnb.de abrufbar.

Redaktionelle Mitarbeit: Klaus Jürgen Becker, Annette Böhme
Umschlaggestaltung: www.layART.li
Umschlagmotiv: ©fotolia.com

Herstellung und Verlag: BoD – Books on Demand, Norderstedt, Made in Germany

Internationale Akademie der Wissenschaften (IAW) Anstalt, FL-9490 Vaduz
Tel. +423/233 12 12, Fax +423/233 12 14

# Inhaltsverzeichnis

# I. SEINE Gegenwart hat viele Facetten

## Eine Reise durch die Gottesbilder der Menschheit

Solange die Menschheit denken kann, beschäftigt sie die Suche nach Gott. Steintafeln, Dokumente in Pyramiden, alte Schriftrollen aus aller Welt künden von dieser Suche der Menschen nach Gott.

Während wir in der christlichen Kultur das patriarchalische, monotheistische Gottesbild anerkennen, gibt es Religionen, die Gott als weibliches Prinzip erleben. Wie z.B. in Indien, wo die große Mutter KALI verehrt wird, die Naturreligionen, wo GAJA, die Erdmutter, als Urprinzip gewürdigt wird. Selbst der große Yogi Paramahansa Yogananda sagt: »Bete zur Mutter, die Mutter ist näher als der Vater.« Auch die verschiedenen Marienkulte sowie die Verehrung der Göttlichen Mutter KWAN YIN in China weisen auf den weiblichen Aspekt Gottes hin.

Dann gibt es solche Kulturen, die in einem System von Vielgottheiten leben. Hier können die verschiedenen Urprinzipien bis hin zu ihrem physischen Ausdruck rückverfolgt werden. Denken wir an die germanischen Götter Odin, Thor, Freja, die griechischen Götter Zeus, Hades, Aphrodite, die ägyptischen Götter Horus, Osiris und Isis. Dem Mythos zufolge wirkten sie alle leibhaftig auf der Erde und hinterließen dort ihre Fußabdrücke in der Zeit. Ja, für manche Gläubige wirken sie auch noch heute. Die Kelten verehrten BÄUME als Verbinder zwischen Himmel und Erde und für die Mayas war die ZEIT der Maßstab aller Dinge.

In vielen Religionen ist es verboten, den Namen Gottes auszusprechen. Manche sagen, Gott hätte keinen Namen. Andere flüstern seinen Namen ehrfurchtsvoll und es gibt auch solche, die laut zu ihm rufen oder gar schreien: »Wo ist mein Gott?«

Viele suchen Gott in einem Bildnis, einem Gleichnis, in einer ganz bestimmten Ethik und Gesetzmäßigkeit, in der Heiligen Geometrie, in der Schönheit der Natur oder in der Weite des Weltalls. Und wieder andere glauben, dass es ihn überhaupt nicht gibt.

Immer wieder kommen wir an einen Punkt, wo auch wir uns fragen: »Wer ist Gott? Ist Gott, wie wir in der Schule oder in der Kirche gelernt haben, der weise Vater im Himmel? Oder ist Gott ein Schöpfer, irgendwo da draußen in der Schöpfung? Ist Gott der Herr, der über uns, seine Geschöpfe, von oben herab bestimmt? Finden wir Gott in der Kirche oder in einer ganz bestimmten Religion? Wenn ja, in welcher? Offenbart sich Gott in den heiligen Schriften, den Testamenten der alten und der neuen Zeit? Oder ist Gott ein unerklärlicher und unnahbarer Mythos? Ist Gott ›tot‹, wie Nietzsche es aussprach? Oder ist Gott in Wirklichkeit in dir, vielleicht dein wahres Selbst?«

Nun, wir denken, jede dieser Anschauungen verbirgt in sich ein Körnchen Wahrheit. Irgendwo ist Gott vielleicht tatsächlich der alte weise Mann mit dem Bart, wenn wir ihn uns so vorstellen wollen. Viele Mystiker wie Ramakrishna, aber auch moderne Forscher wie Prof. J. J. Hurtak beschreiben einen persönlichen Gott, der über uns wacht. Vielleicht erscheint uns dieses »Über-uns-Wachen« als ein etwas kindliches Bild, doch Seher berichten über Legionen von Engeln und geistigen Wesen, die den PLAN aufrechterhalten. Es gibt also möglicherweise dieses Eingebettetsein in einen persönlichen Gott. Wenn Gott eine Persönlichkeit ist, vielleicht umfassender als wir uns »Persönlichkeit« vorstellen können, dann ist auch unsere Persönlichkeit ein Ausdruck Gottes, dann brauchen wir nicht unsere Persönlichkeit zu leugnen oder mit der Welt unpersönlich umzugehen oder unpersönlich zu werden, um Gott zu erleben.

Gott existiert möglicherweise als Person, wie immer wir uns das vorstellen mögen. Und man sagt, es gäbe auch einen unpersönlichen Gott, so etwas wie ein unpersönliches göttliches Prinzip, ein Weltengesetz, TAO, eine unpersönliche Urkraft. Der weise Laotse zeugt davon ebenso wie Ramana Maharshi, der Weise vom Berge Arunachala. Wir erleben also Gott als »persönlich« und als »unpersönlich« zugleich, als namenvoll und namenlos, vielleicht existiert Gott überall?

## Der Mensch – gestaltet nach SEINEM Ebenbild

Hat der Mensch Gott nur erfunden oder hat Gott den Menschen erfunden? Wer war zuerst da, die Henne oder das Ei? Gedankenakrobaten behaupten, die Henne wäre zuerst da gewesen, dann käme das Ei, schließlich müsse es zuerst einen »Prototyp« geben, bevor man in »Serienproduktion« gehen könne. Dieses Argument erscheint logisch. In der Automobilbranche ist dies so, warum sollte es bei der Erschaffung menschlichen Lebens anders gewesen sein?

Die heilige Schrift sagt, wir seien nach dem »Ebenbilde Gottes« erschaffen worden. Das könnte bedeuten, Gott sei potenziell in uns bereits angelegt, aber wir seien »noch nicht ganz Gott«, wir müssten, ähnlich wie das potenzielle Küken in der Eischale, noch in Gott hineinwachsen.

Möglicherweise ist alles Gott, die Welt, der Klang, die Sterne und auch du und ich. Was uns Menschen privilegieren könnte, ist möglicherweise, dass wir über uns selbst nachdenken und uns somit fragen können: »Wer ist Gott?«

Alleine die Tatsache, dass uns Menschen diese Frage bewegt, zeigt, dass dort ein Potenzial sein muss, sonst würden wir uns nicht danach sehnen. Vielleicht spüren wir eine kaum wahrnehmbare »Er-Innerung« an unseren Ursprung, die in uns wie in einer Art spirituellem Heimweh als Sehnsucht angelegt ist, uns Gottes zu

»Er-innern« wie an eine köstliche Speise. Dies könnte darauf hinweisen, dass Gott »im Innern« zu finden wäre, in uns.

Goethe, aber auch Antroposophen wie Rudolf Steiner und viele andere betonen immer wieder, Gott sei auch in der Außenwelt zu finden. Möglicherweise könnte es so sein, dass, wenn wir Gott »im Inneren« gefunden haben, wenn wir die Einheit im Inneren erahnt haben, sich daraus die Sehnsucht entwickelt, IHN auch im Außen zu erleben, zu erfahren, seine Gegenwart auch im Außen zu erleben.

Menschen, die Gott im Innen und im Außen gefunden haben, nennt man »Erwachte« als Hinweis dafür, dass aus Sicht dieses göttlichen Bewusstseins eben solche, die in Gier und Mangel leben, die zetern und entarten, eigentlich »Träumer« sind, Unerwachte, vielleicht Raupen, die sich noch nicht aufgemacht haben, den Schmetterling in sich zu entdecken, zu entfalten und die Welt mit ihren bunten Flügeln zu erkunden.

Vielleicht ist in der göttlichen Gegenwart unser wahres Selbst vollkommen? Sagte Jesus deshalb: »Ihr sollt vollkommen sein, wie auch der Vater im Himmel vollkommen ist«?

Wenn Gott in der Gegenwart lebt, möchten wir uns möglicherweise bewusst machen, dass wir uns auch in einer Welt der Entfaltung befinden. Aus der »Welt der Entfaltung« bringen wir einen »Zeitschatz« mit nach Hause, d.h. in die Unendlichkeit Gottes. Alles, was wir hier in diesem Erdenspiel erfahren haben, muss sich nach dem Energieerhaltungsgesetz irgendwohin auflösen. Alles, was wir aufgrund unserer Erfahrungen erkannt und verwandelt haben, bereichert uns und andere. Nachdem wir unseren Körper verlassen haben, einen Vorgang, den wir oftmals auch das Sterben nennen, beginnt möglicherweise die Vorbereitung für eine neue Geburt, in welche die Erkenntnisse der letzten Inkarnation einfliessen. Die großen Weltreligionen sind sich einig, unser Leben endet nicht mit dem Ablegen der menschlichen Hülle. Es gibt Literatur, die auf die christliche Wiedergeburtslehre hinweist, wie »Reinkarnation im Neuen Testament«. Es gibt Universen über Universen, sagen die Heiligen. So finden wir in der heiligen Schrift die Aussage »In meines Vaters Haus sind viele Wohnungen«.

Ist demnach unsere jetzige Verkörperung nur eine Möglichkeit von vielen, sich physisch zu verankern? Dann möchten wir vielleicht folgern, dass Gott in vielen Dimensionen existiert, in vielen Welten und zugleich in uns.

Unter dem Gesichtspunkt der Einheit könnten wir möglicherweise sagen: Alle oben erwähnten Gottesbilder und Fragmente sind essenziell nicht voneinander getrennt, in Wahrheit habe jede Religion Recht in der Behauptung, alles sei eines. Das hieße dann, auch wir wären Schöpfer und Geschöpf, Durchwirkter und Mitwirkender an etwas Größerem, vielleicht sogar Ausersehener für Gottes Plan oder Selbsterkorener zur persönlichen Selbstverwirklichung – wer weiß?


## Zur Göttlichkeit erwachen

Unter dem Gesichtspunkt des »Erwachens« könnte man sagen, wir suchen zu erkennen, dass Gott in mir, in jedem von uns »erwachen« und von jedem von uns angesprochen werden will, auf dass er sich wieder seiner selbst bewusst werde.

Wie können wir »erwachen«? Möglicherweise kommt es darauf an, mit unserem Ego einen Schritt zur Seite zu treten, damit Gott durch uns wirken kann, vielleicht so, wie die Sonne wirken kann, wenn die Wolken einen Schritt zur Seite treten. Zugleich erscheint es wichtig, dass wir uns darum bemühen, das Göttliche auch im anderen Menschen, ja der ganzen Welt anzusprechen, nicht unsere

Vorstellung von Gott im anderen, sondern das »Göttliche«.

Das »Göttliche« ist essenziell. So wie Teller, Tassen, Blumenvasen alle unterschiedlich aussehen, aber aus dem gleichen Material bestehen, Porzellan, so können wir als Erwachte – so sagen die Mystiker – das Essenzielle, das Göttliche hinter jedem und allem schauen, vielleicht so, wie wir beim Betrachten eines Kinofilmes uns nicht auf den Film, sondern auf die Leinwand konzentrieren. Auf dieser Ebene erfahren wir Gott als reine Transzendenz.

Wir könnten uns aber auch auf den Lichtstrahl und die ständig wechselnden Lichtreflexe konzentrieren, die vom Projektor ausgehen, dann erfahren wir Gott als Farbenspiel, als Pulsation von Licht, ohne auf die Illusion einer »Handlung« auf der Leinwand hereinzufallen. Auch könnten wir als »Erwachte« den Film auf der Leinwand anschauen, aber nicht als jemand, der in die Handlung verstrickt ist oder sich in eine Identifikation hereinziehen lässt, sondern mit den Augen eines Regisseurs, der den Handlungsaufbau, die Beleuchtung, die schauspielerische Leistung studiert und während der Film läuft, ahnt, ja weiß, wie hinter den Kulissen der Film aufgebaut ist, wie das Drehbuch entstanden sein muss – wäre hier Gott als Schlüssel zu einem höheren Verstehen zu finden?

**Gott im Prozess des Werdens**

Auf der einen Seite sind wir aus Sicht des »Göttlichen« immer am Ziel und immer am Ziel gewesen, auf der anderen Seite findet ständige Evolution statt. Jederzeit haben wir die Möglichkeit, uns als am Ziel seiend zu betrachten und damit aus dem Kreislauf der Evolution auszuscheiden oder uns als Teil der Evolution zu betrachten und an einem mehr oder minder »großen Werk« mitzuarbeiten. Sri Aurobindo, einer der großen Meister der Neuzeit, empfiehlt in diesem Zusammenhang, mit dem Standbein in der Ewigkeit zu leben, während man mit dem Spielbein sich in der ZEIT bewegt.

Manche fragen sich vielleicht, wo diese Evolution hingeht und ob eine göttliche Führung die gesamte Evolution überwacht – oder ob alles in der Hand des Menschen liegt. Manche Menschen fragen sich: »Wie kann ein gerechter Gott solche Ungerechtigkeiten, Schmerzen, Verbrennungen, Katastrophen zulassen?«

Schnell sind wir da mit einer Paradeantwort bei der Hand, wie: »Das verursachen die Menschen alle selbst, sie alleine sind Schöpfer, Träger und Überwinder ihres Schicksals, ist doch deren Problem, wenn sie sich ein schlechtes Schicksal schaffen, sie hätten sich ja informieren können.« Solch eine Antwort mag zwar mehr oder minder »wahr« sein, hilft aber oftmals jenen wenig, die sich als Schöpfer ihrer Umstände nicht erkennen können oder wollen, und schiebt den »Schwarzen Peter« den »Leid-Tragenden« zu. Wenn jemand anderer leidet und man ihm sagt, er habe schlicht und einfach seine »Schöpfungskraft fehlgeleitet« mag dies wahr sein – und doch  erscheint dies oftmals nicht gerade als sehr liebevoll.

Schließlich ist jeder unerbetene (besserwisserische) Ratschlag ein Schlag. Wenn wir jemand anderem einen unerbetenen Ratschlag geben, verletzen wir ihn dadurch in seinem Recht auf freien Willen und Selbstausdruck. Besser, als ungefragt Ratschläge zu erteilen, ist es, den anderen erst einmal zu fragen, ob er überhaupt einen Rat haben möchte. Wir könnten beispielsweise sagen: »Du Fritz, mir ist da etwas aufgefallen in der Art und Weise, wie du dein Leben gestaltest, und ich würde dir gerne dazu etwas sagen – bist du daran interessiert?«

Viel zu leicht sind wir geneigt das »Sosein« des anderen, wie er lebt, was er erlebt, sein Weltbild, seine »Realität« oder seine Überzeugungen als falsch anzusehen oder als unvollkommen. Ja, es kann sogar sein, dass der andere sich nicht nur nach unserer persönlichen Meinung, sondern, auch unter objektiven Gesichtspunkten betrachtet, unreif verhält. Doch wir helfen ihm oftmals mehr, wenn wir den anderen, in dem, wie er lebt und was er erlebt, erst einmal annehmen, auch das scheinbar Unvollkommene annehmen, all das, was im anderen noch ungelöst, unvollendet, unperfekt ist. Und natürlich sollten wir auch uns selbst annehmen mit all unseren Fehlern und Unzulänglichleiten.

Das Göttliche in uns ist zwar vollkommen. Und doch ist das Göttliche in uns auch in einer Entwicklungsphase. Gott existiert nicht nur im Sein, im ewigen »Ich bin«, sondern auch in der Entwicklung, die das Unvollkommene, das Ungelöste in sich trägt und zur Vollendung treibt, aber erst einmal unperfekt ist. Gott wohnt auch in dem, was in uns am Werden ist und sich dabei scheinbar unvollkommen ausdrückt. Der größte Beitrag, den wir für das Unvollkommene in uns und im anderen leisten können, liegt darin, es vollkommen anzunehmen und anzuerkennen. Erst dann kann es seinen göttlichem, stimmigen, heilen Aspekt hervorbringen.

Leben ist ständige Veränderung, ständiger Wandel. Und in diesem Wandel gibt es eigentlich keine Perfektion, sondern nur Wachstum, Entwicklung. Die Gegenwart Gottes ist auch erlebbar in scheinbar unvollkommenen Situationen, sobald wir diese ehren, »wie sie sind«.

Es ist die Natur des Menschen, seine eigene Wahrheit zu schützen, das heißt, seine eigenen Überzeugungen zu vertreten und weiterzuentwickeln. Der einzelne Mensch ist dabei wie ein Baum, der aus der eigenen Wurzel heraus wachsen muss. Die Wurzel, aus der heraus er wächst, trägt sein Weltbild, seine Überzeugung, seinen Glauben, seine Lebensweise. Wenn dieser Baum weiter wachsen soll, dann kann er dies nur, wenn er seine eigenen Wurzeln annimmt, wenn er ja zu sich, seiner Vergangenheit, seinem »Sosein« sagt und aus dem Leben heraus seine eigenen Weiterentwicklungen anstrebt.

Gott wohnt in allem, im Starken wie im Schwachen. Nicht umsonst heißt es: Gott ist in den Schwachen mächtig! Wenn wir also jemanden vor uns haben, der sich schwach, elend, falsch oder als Versager fühlt, helfen wir ihm oftmals am meisten, indem wir ihn annehmen. Statt jemandem, der scheinbar auf seinem Weg gestrandet ist, den Kopf zu waschen und ihm neunmalkluge Ratschläge zu geben, tun wir besser daran, in ihm unseren Bruder zu sehen und die Erfahrung der Unvollkommenheit, die unser Bruder gerade macht, wertzuschätzen, ohne abfällig über ihn zu denken. Wir sollten liebevoll mit uns und unserem Nächsten umgehen. »Was du nicht willst, dass man dir tu', das füge keinem anderen zu!«

Auch wenn wir Rigidität, Festgefahrenheit in Vorstellungen oder gar Borniertheit im anderen erkennen, sollten wir ihn besser mit Liebe annehmen, als Pharisäer zu spielen. Jeder hat ein Recht auf seine Realität, auf das, was er für wahr hält. Nur durch die Kraft der Liebe und durch Selbstannahme ist es dem anderen möglich, auf eine andere Erkenntnisstufe zu springen.

Aus einer gewissen Sicht heraus lebt jeder in seiner Illusion, auch wir – und auf der anderen Seite ist diese Illusion Bestandteil einer globalen Realität in einer Welt des Werdens, die wir morphogenetisches Feld nennen, die aber angesichts der Unendlichkeit Gottes auch wieder nichts anderes als eine globale Illusion – ein Traum Gottes – ist.

Jeder Mensch glaubt an seine Welt und hat ein Recht darauf, an seine Welt zu glauben. Wir haben ein Recht darauf, in globalen Glaubenssystemen durch die Zeit zu navigieren, bis wir eines Tages zu einem umfassendern Bewusstsein erwachen. Wie bereits erwähnt: Jeder hat das Recht so zu sein, wie er ist, und aufzuwachen, wenn SEINE Zeit dafür gekommen ist.

Du bist, wie du bist, und das ist gut so. Die Welt ist, wie sie ist. Die Welt muss in diesem Prozess des Werdens nicht durch deine Sonderanstrengungen verbessert werden, alleine dadurch, dass du bist, wie du bist, bist du ein Beitrag für die Entwicklung dieser Welt. Natürlich kannst du die Welt verbessern, da ist nichts Schlechtes dran, aber verstehen wir jemals wirklich, wohin Gott im Prozess des WERDENS strebt?

Erklärungsmodelle für das, was Gott im WERDEN prozessiert, wie die Metaphysik und die Metamathematik, können zwar unser Bewusstsein erweitern, aber nie eine endgültige Erklärung geben. Könnten sie es, wäre Leben überflüssig. Ist nicht Leben ein ständiges ER-forschen? Gott erforscht sich SELBST durch dich!

Wenn wir sagen: »Gott ist Liebe«, dann scheint uns offensichtlich, dass die Liebe in der Lage ist, uns und anderen zu helfen, Gott im Prozess des WERDENS zu erkennen. Liebe beginnt dort, wo wir stehen, mit all unseren Illusionen – segnen wir sie. Indem wir unsere Illusionen durchlieben, erfahren wir die Gnade des Erkennens durch »gelebtes Leben«. Indem wir das Leben erfahren, die Freude und den Schmerz des Lebens, lernen wir. Wir verfeinern unser Bewusstsein. Viele Dinge können wir nicht am grünen Schreibtisch erarbeiten oder aus Büchern erlernen – wir müssen sie erleben und aus dem Leben Erkenntnis ziehen. Daraus erwächst Liebe und Weisheit. Weisheit und Liebe geben sich durch GELEBTES LEBEN im Prozess des WERDENS in uns und durch uns die Hand und wir denken, es ist gut so!


## Gott in der ZEIT

Ohne Gott gäbe es keine Atmung, keine Evolution, keine Schöpfung, kein Leben. Gott ist also die Urenergie, die in sich alles trägt und aus der alles entstanden ist. In der burmesischen Schöpfungsgeschichte heißt es: »Gott ist der EINE, der sich gestattete, viele zu sein.«

Wir leben in einem Prozess des Wandels in einem ganz bestimmten Rhythmus, den wir ZEIT nennen. Der Weise Jiddu Krishnamurti äußert in seinen Gesprächen mit Prof. David Böhm immer wieder, das ganze Leben und alle Probleme darin seien »ein Produkt der Zeit«. Und Hermann Hesse sagt: »Von allem, was der Mensch begehrt, ist er nur durch ZEIT getrennt!« Was aber ist Zeit anderes als die Pulsation des Wandels, die Antipode zu dem RAUM, in dem wir leben?

Wir leben auf der Erde als Gefangene der Zeit, in einer so genannten Zeitkrümmungszone, in der es nicht immer leicht ist, eben jene Gegenwart zu erkennen, weil zu viele und oftmals unpassende Einflüsse immer wieder dieses Bild verzerren. Vielleicht ist unser Zeitsystem, die Welt des Geldes und des Rechnens, des Datums und der Uhrzeit, nur ein Zerrspiegel, der bei bewusster Anerkennung SEINER Gegenwart das klare und ganzheitliche Bild Gottes destilliert.

Die Mayas glaubten, Gott sei nicht nur reine Transzendenz, sondern auch das Leben in der Pulsation der ZEIT, einer anderen allerdings als der, in der wir leben. Sie suchten über ein anderes Zeitsystem, über eine andere Zeitkrümmung Gott im Strom einer qualitativen ZEIT zu erfahren (der Maya-Forscher Johann Kössner berichtet darüber in seinen Werken).

Für spirituelle Forscher wie Prof. J. J. Hurtak findet sich Gott in der Gesamtheit der Menschen in Form des einen kosmischen »Adam Kadmon«. Dies bedeutet, dass der Mensch Abbild eines göttlichen, himmlischen Menschen (Adam Kadmon) ist und dass der Mensch nur vergessen hat, dass er Göttlichkeit in sich trägt. Nach Hurtaks Lehre – »Die Schlüssel des Enoch« – stellen wir alle, das ganze Weltall, das Wesen Gottes dar.

Können wir uns demnach als SEIN Ebenbild erkennen, so als wenn wir uns selbst als Finger, Fingerkuppe, als eine Zelle eines unendlich großen Systems betrachten, als eine winzig kleine Zelle, die zugleich auch das Ganze darstellt? Die moderne Hologrammtechnik, aber auch die Lehren der Akupunktur und Irisdiagnose des fernen Ostens offenbaren diese eine Wahrheit, im Kleinsten sei das Größte enthalten, in der Zelle der Bauplan für den ganzen Menschen. Wäre dies nicht ein Hinweis dafür, dass auch in uns, der »Zelle Gottes«, der Bauplan für den »kosmischen Adam Kadmon«, den kosmischen Menschen, enthalten ist? Steiner sagt sinngemäß: »Materie lebt, Materie ist Gott in lebender Form, selbst ein Stein lebt!« Der Zerrspiegel Zeit ist offenbar nur eine Sache der Wahrnehmung. Die Bibel spricht vom »Turmbau zu Babel«. Möglicherweise ist die Trennung des Menschen im Bewusstsein von Gott, also die Sünde, nur ein »gefallenes Mentalprogramm«, das die Menschen verwirrte. Pfingsten könnten wir als Sinnbild der Aussöhnung des einzelnen Menschen mit dem Ganzen betrachten, als das Erleben, dass der heilige Geist über alles kommt, durch alles einheitlich und zugleich wirken kann.

Vielleicht braucht die Erde den Menschen, um das Bewusstsein darüber, dass Gott in allem existiert, auf Erden zu aktivieren, als Trägerfunktion, ebenso, wie wir Wasser oder Zucker als Träger von homöopathischen Heilmitteln brauchen. Sind wir wie ein Zuckerkristall, der in sich in homöopathischer Dosis das »göttliche Urprogramm« trägt mit der Sehnsucht, die Alleinheit durch uns zum Erblühen zu bringen? Tragen wir in uns ein göttliches Potenzial, das nach Erblühen trachtet, und sind wir selbst vielleicht sogar der verlängerte Arm Gottes? Ich denke hierbei an ein Lied von Joan Osborne mit dem Titel »One of us«, in dem sie den Hörer anregt, sich zu fragen: »Was wäre, wenn Gott keinen Namen hätte, sondern einer von uns wäre, wenn er die gleichen Sorgen und Nöte hätte wie wir, wenn er einfach nur der neben uns Sitzende in der Straßenbahn wäre?«

Wenn wir erkennen, dass viele Schwierigkeiten und unerlöste Themen, wie Gier, Neid, Habsucht usw., möglicherweise nur dadurch entstanden sind, dass der Mensch aus der Göttlichkeit heraus und in Zeit, Raum und gefallene Mentalprogramme hineingefallen ist (denken wir nur an das Märchen Momo und die darin vorkommenden Zeitdiebe), erkennen wir: Zum einen können wir Gott erleben, indem wir ganz in der Gegenwart sind, denn im »Hier und Jetzt« gibt es keine Zeitprogramme, keine Verblendung, kein Getriebensein und keine Langeweile. Doch so sehr wir uns auch bemühen, im JETZT zu leben, auch die Zeit hat ihren Sinn, wir sind auch Bestandteil des Werdens.

Gibt es eine Möglichkeit, trotz aller Probleme, die wir mit dem Gefangensein des Menschen in Zeit und Raum haben, als Gegenwart Gottes an der Evolution teilzunehmen, einzutauchen und in der Welt zu wirken?

Die heiligen Schriften Indiens vergleichen den Zustand SEINER Gegenwart, in dem es »keinen Zweifel« über die eigene Natur mehr gibt (Nirwakalpi-Samadhi) mit dem Zustand, in dem die »Avatare« wirken (Sahaja-Samadhi), d.h. solche, die um die eigene Göttlichkeit wissen und wieder von dieser Heiligkeit »heruntergestiegen« bzw. aus ihr »wieder aufgetaucht« sind (Sanskrit »avatara = heruntersteigen«).

»Wieder auftauchen« aus dem Undefinierbaren, um als »abgestiegener Meister« zu wirken, könnte wie ein Reiten auf den Wellen der Zeit sein, nicht mehr an lineare Zeit gebunden und doch teilnehmend an der Evolution – jenseits der Begrenzung durch dreidimensionale Gesetzmäßigkeiten eines Würfelprinzips.

José Argüelles beschreibt in seinem Werk »Surfer der Zuvuya« ein »Zeitwellenreiten«.

Eigentlich haben wir immer gewusst, dass ZEIT Qualität hat, göttlichen Gehalt. Nicht nur die Jahreszeiten, nicht nur der Biorhythmus, nicht nur das Licht der Sterne weist darauf hin, dass Zeit Raum gebiert, wie Albert Einstein es in seiner sensationellen Formel »E=mc²« darstellte.

Auch Jane Roberts beschreibt in ihrem Buch »Überseele sieben«, wie Seth, das Wesen, das sie channelt, in vielen Dimensionen, in vielen Zeitaltern, in vielen Reichen zugleich wirkt, so wie ein Baum (die Weltenesche?) ihre Zweige zugleich in alle Richtungen streckt und doch von einem Stamm ausgeht – man könnte sagen, alles »stammt« von Gott, von SEINER Gegenwart.

Als »Zeitsurfer« tragen wir das Unendlichkeitsbewusstsein Gottes in uns und gestalten Schöpfung cokreativ, ohne im Gefängnis von Zeit und Raum eingesperrt zu sein. Als WAHRNEHMENDE, d.h. das Wahre Nehmende, erkennen wir mit unseren höheren Organen und unserem höheren Denken die »Zeichen der Zeit« und leben mit ihnen. In diesem Bewusstsein erleben wir Gottes Gegenwart in der ZEIT.


## Gott ist natürlich – wie DU BIST

Wenn Gott ALLES ist, hieße, als »Gott auf Erden« zu leben, somit nicht unbedingt, sich als »besser« zu empfinden als der andere. Man spielt eine ganz bestimmte Rolle in diesem Lebensspiel, doch die Idee »Mit-dem-da-draußen-habe-ich-nichts-zu-tun«, ist in seiner Gegenwart nicht möglich. Es kann sein, dass es nicht unsere Rolle ist, jedem die Füße zu küssen, doch in seiner Gegenwart erleben wir uns natürlich eins mit allem, was ist, dem Niedrigsten wie dem Höchsten. Ein »Mit dem da habe ich nichts zu tun« gibt es nicht, auch wenn wir manchmal einen anderen Fokus der Betrachtungsweise wählen als unser Bruder, der für uns dann ein Blatt am anderen Aste desselben Baumes darstellt.

Manchmal mögen wir uns fragen, ob wir in der Gegenwart GOT-TES Schmerzen haben können, und auch hier könnten wir differenziert antworten: »Sind wir in der reinen Transzendenz, geht dies nicht, im SEIN gibt es keinen Schmerz. Wären wir abgeschnitten von den treibenden Vitalströmen, die unsere Nerven durchziehen, isoliert von unserem Körper wie ein Kristall-Buddha, würden wir uns am Kreuze krümelig lachen, aber niemals leiden. Als Avatar (Weltendiener) kann es aber sein, dass wir auch leiden, wie es der Christus am Kreuze getan hat, weil wir eben ALLES sind, auch das Leiden.«

Und doch ist Leben nicht als Leiden, sondern uns zur Freude gedacht, aber nicht nur. Unsere Seele will auch verstehen, sie will nicht nur mit Gott im Rahmen der »Unio Mystica« in weltentrückter Ekstase vermählt sein, sie will Gott auch verstehen. Um »das Ganze« zu verstehen, ist es manchmal notwendig, eine Identifikation mit ganz bestimmten Illusionsprogrammen zu akzeptieren, zum Beispiel Leiden. Leiden kann zum Beispiel durch die Sehnsucht nach Befreiung von dem Leiden in eine Erlöser-Energie umgewandelt werden, die ein Problem für die gesamte Menschheit aufschlüsselt und die Lösung allen zur Verfügung stellt. Genau genommen sind WIR möglicherweise gerade das, ein Problem, das sich selbst zur (Er-)Lösung bringt. Heißt das, »der Weg, die Wahrheit und das Leben« selber zu sein? Alleine durch unser Leben und Wirken, »wie wir sind«, können wir uns möglicherweise als solche erleben, die in SEINER Gegenwart leben, und global als Bestandteil eines kollektiven Erlösermoduls.

Möglicherweise ist unser Leben, mit dem wir JETZT dienen, eine Vorbereitung für eine höhere Ebene, die herabkommt, wie es in der Offenbarung des Johannes verheißen ist, das »Himmlische Jerusalem«. Diese Idee soll aber nicht zu religiösem Fanatismus führen, sondern nur den Boden bereiten für die Idee, dass wir als

»Homo Sapiens« vielleicht auch nur eine Zwischenstufe darstellen, so wie es vor uns der »Neandertaler« getan hat oder der »Mensch der Bronzezeit«. Was kommt nach dem Menschen? Der »Homo Spiritualis«? Das himmlische Jerusalem? Wer weiß?

Vielleicht ist es in Wahrheit so, dass wir gar nicht anders können, als in SEINER Gegenwart zu leben, manchmal bewusst, manchmal unbewusst, manchmal verzerrt und manchmal aufrichtend. Vielleicht ist es so, wie ein persischer Mystiker einmal geschrieben hat: »Ich habe ein Leben lang nach Gott gesucht, bin durch die Welt gezogen und habe Gott nicht gefunden. Und als ich nach einem langen und müden Leben enttäuscht und traurig zurückkehrte, da stand ER vor der Tür meines Herzens, wo er schon allezeit auf mich wartete.«

Demnach wäre Gott also immer da. Und doch braucht es offenbar die Suche, um zum Finden zu kommen, das Anklopfen, damit aufgetan werden kann, den »verlorenen Sohn«, damit ein Freudenfest des Wiederentdeckens und des Wiedereinsseins gefeiert werden kann.

In dem Sinne könnten wir zu dieser Wahrheit erwachen, Gott sei uns »näher als das Hemd«, »näher als unser Atem«. Wenn Gott »natürlich« ist, ist er natürlich auch unser »wahres Selbst«, das Leben, das Sein, das Werden, die Form, die Formlosigkeit, die Archetypen, die hohen Ebenen, die niederen Ebenen, jenseits aller Ebenen, überall, in mir wie in dir, dann wäre Gott, WIE DU BIST!


## Meditation »Die Liebe Gottes geschehen lassen«

Ich schließe meine Augen und gestatte meinem Körper, bewegungslos zu sein. Ich beobachte meinen Atem und spüre die Stille im Zentrum meines wahren Wesens. In diese Stille lasse ich mich hineinsinken, tiefer und tiefer. Ich sinke in mich selbst hinein, in meine lichte Innenwelt, in die Mitte meines wahren Wesens, in dem ich ruhe. Und während ich in mir ruhe, erweitert sich mein Bewusstsein. Mein Bewusstsein erfüllt den ganzen Raum. Der ganze Raum ist erfüllt, durchdrungen von meinem Bewusstsein, dem »Ich bin«. Aus diesem Bewusstsein heraus empfinde ich die Einheit allen Seins, ich bin ganz bewusst eins mit allem, was ist. Aus dieser Einheit lasse ich meine Liebe fließen, die in Wahrheit SEINE Liebe ist. Ich erlebe, wie dieses innere Wissen, dieses Wissen durch mich aktiv wird. Ich kann die Liebe Gottes durch mich fließen lassen. Ich lasse die Liebe Gottes durch mich geschehen. Aus dem Zentrum meines Wesens fülle ich den ganzen Raum um mich herum mit SEINER Liebe. Ich erlebe die Pulsation des Einsseins mit »allem, was ist« in SEINER Liebe. Ich spüre dankbar, Gott wirkt in mir und durch mich als ich. Aus dieser Zentriertheit lasse ich SEINE Liebe wirken. Ich wirke als Botschafter SEINER Liebe, der Menschen anregt, zu sich selbst und damit zu Gott zu erwachen. Und während ich dankbar spüre, dass SEINE Liebe durch mich geschieht, lebe ich bewusst in der Geborgenheit SEINER Liebe. Ich richte die Liebe Gottes, die aus dem Zentrum meines Wesens strömt, nun auf einen Punkt oder einen Menschen, der mir im Augenblick besonders wichtig ist, und erlebe, wie das Fließenlassen dieser Liebe sich auf den Menschen und meine Beziehung zu diesem Menschen auswirkt.

In diesem Bewusstsein kehre ich wieder zurück an die Oberfläche meines Seins, zurück ins Hier und Jetzt. Wann immer ich bereit bin, öffne ich meine Augen und bin wieder ganz im Hier und Jetzt.

## Sich des Göttlichen »erinnern«

Zu allen Zeiten hat der Mensch versucht, sich ein Bild von Gott zu machen. Er hat das Unmögliche versucht, die Unendlichkeit Gottes durch das Nadelöhr des Verstandes zu zwängen. Er wollte Gott begreifen, statt das Unbegreifliche zu erlauben, Gott.

Das Absolute hinter dem Schein können wir nicht enträtseln, solange wir uns davon getrennt sehen. Man nennt Gott das ABSOLUTE, den URGRUND ALLEN SEINS, die KOSMISCHE URKRAFT, die ZENTRALE ORDNUNG, das WELTENGESETZ, den EINEN, das HÖCHSTE PRINZIP. Auch wenn jedes Wort für Gott eine etwas andere Tonisierung trägt, weist es immer auch auf etwas Gemeinsames hin, das durch all diese Gottesbegriffe hindurch wirkt. Auch mit der höchsten philosophischen, mentalen, emotionalen, metaphysischen oder mystischen Erfahrung können wir Gott nur andeuten, so wie es das ZEN-Gleichnis von dem »Finger, der zum Mond zeigt« offenbart: »Der Finger, der zum Mond zeigt, ist nicht der Mond!« Erst wenn wir selbst zum »Mond« geworden sind, können wir eine Ahnung vom »Mond« (Gott) haben und auch diese Ahnung strebt nach einer ständigen Erweiterung.

Und so gibt es vielleicht auch in uns diese »Ahnung«, wie etwas sich »nach Gott anfühlt«, vielleicht so, wie wir als präpubertäres Wesen schon geahnt haben, was »Verliebtsein« bedeutet, auch wenn uns dies noch niemand erklärt hat und wir es noch nicht selbst erlebt haben.

Vielleicht ahnen wir Gott mit einer Art »inneren Sinn«, weil wir essenziell selber göttlich sind, so wie Goethe sagt:

> *»Wär nicht das Auge sonnenhaft,*
> *die Sonne könnt es nie erblicken.*
> *Läg nicht in uns des Gottes eigne Kraft,*
> *wie könnt uns Göttliches entzücken!«*
> (Goethe, Schriften zur Farbenlehre, 1808-1810)

Es scheint in uns also eine Urerinnerung an eben jenes »Göttliche« vorhanden zu sein und ein wohl kaum erklärbarer Kompass, der uns unmissverständlich sagt: »Das ist göttlich!«, vielleicht so, wie ein Kunstkritiker angesichts eines modernen Gemäldes wie dem »blauen Quadrat« mit unmissverständlichem Sinne sagen kann: »Das ist Kunst!« oder (wenn dieses Quadrat ein Scharlatan gemalt hat): »Das ist keine Kunst!«

Ein altes Gleichnis erzählt, dass Sokrates regelmäßig auf dem Marktplatz einen der ungebildeten Sklaven nahm, einen der »Idiotes« und ihm durch geschicktes Fragen höchste Weisheiten entlockte. Er wollte damit offenbaren, dass selbst im Dümmsten und Blödesten höchste Weisheit steckt. Ebenso ist es vielleicht mit Gott, dass ER, wie die höchste Weisheit, eigentlich schon längst in dir steckt und nur hervorgeholt werden muss aus dir. War das der Grund, warum die alten Priester Griechenlands vor ihren Zeremonien durch ihren Tempel gingen und die Gottheit meinend riefen: »Komm hervor«? Wir könnten uns vorstellen: Egal, wie sehr du dich von Gott entfernt fühlst, er ist dir näher als dein Hemd!!!

## Loslassen, was geringer ist als Gott

In dem Moment, so sagen die Weisen, wo wir alles losgelassen haben, was wir geringer erachten als Gott, seien wir augenblicklich eins mit IHM, hätten wir gefunden, wonach wir gesucht haben, wären wir zu uns(erem) Selbst zurückgekehrt.

Fatal allerdings sei, so Ramana Maharshi, der Weise vom Berge Arunachala, dass der, der loslassen möchte, selber der ist, der loszulassen ist. Das würde bedeuten, dass dieses Loslassen sich gar nicht durch den Verstand erreichen ließe, dass es auch nichts mit Besitzweggabe oder einem Büßerleben zu tun habe, dass WAH-

RES Loslassen eine hohe Kunst ist, die uns oftmals nur das Leben lehrt. Loszulassen ist demzufolge nicht jenes, von dem WIR denken, dass wir es loslassen müssten, sondern eben dieses, welches das/der EINE durch uns loszulassen wünscht, und dies wären dann in letzter Konsequenz wir selber, sprechen doch die Mystiker vom Aufgehen des Tropfens (»Ich«) in dem Ozean (»Gott«).

Ein Loslassen geschieht augenblicklich, die ZEN-Meister nennen diesen Zustand des aufblitzenden Bewusstseins »Satori« (Gotteserfahrung). Und doch ist loslassen zugleich auch ein Prozess, braucht es oft einen langen und manchmal recht heimtückischen Lebensweg, bis auch die verstecktesten unerlösten Emotionen, Muster, Blockädchen, Glaubenssätze, Lieblosigkeiten sich herausgeschält haben. Erst dann leben wir, so sagen die Meister, in dem immerwährenden »Samadhi«, der ANHALTENDEN Gegenwärtigkeit Gottes.

Die wesentlichen Offenbarungen und Folgeschritte werden zwangsläufig nicht alleine durch unser Bemühen, sondern vor allem durch die Notwendigkeit Gottes eingeleitet, des Gottes, der unser Leben mitkreiert, auch wenn das Bemühen, Gott zu finden, für sich heraus schon eine Gnade darstellt.

Gottes Wege sind uns oftmals unverständlich, doch je mehr wir unsere Begrenzungen loslassen und mit dem EINEN schwingen, desto mehr erleben wir unseren ganzheitlichen »höheren Verstand«, ausgestattet mit der Fähigkeit, die Spuren Gottes zu schauen, statt uns in linearer Bewertung oder gar einem gewaltsamen linearen »Ändernmüssen« zu verbeißen.

Loslassen wird so zu einem Lebensweg, aber auch bewusstes Annehmen bringt uns näher zu Gott. »Nichts begehren, nichts zurückweisen« ist zwar edel, doch nichts wäre Gott ferner als ein Vakuum, in dem nichts existieren könnte. Loszulassen ist somit stets das, was uns im Augenblick von IHM in unserem Bewusstsein trennt, und freudig anzunehmen, was uns zu IHM hinbringt. Was das ist, muss der Einzelne selbst herausfinden, er darf es, das ist Bestandteil seines Weges. »Begehren« und »zurückweisen« haben ab und zu auch ihre Berechtigung, sonst gäbe es sie nicht.

## Näher mein Gott zu Dir

Wer Gott in unerreichbare Ferne rückt, darf sich nicht wundern, wenn er für ihn unerreichbar wird. Jeglicher Glaube, wir könnten uns an etwas wenden, was nicht in uns Resonanz findet, errichtet logischerweise eine Schranke, die uns von Gott trennt. Als Mensch glaubt man sich ab und zu von Gott getrennt, Gott aber trennt sich sicherlich niemals vom Menschen – ist der Mensch selber ein Stück SEINES Bewusstseins, muss dies bedeuten: Gott, die EINE Kraft, liebt uns, wie immer wir sind, als weißes wie als schwarzes Schaf, als Rebellen wie als Königstreuen, als Atheisten wie als Gläubigen. Dies könnte bedeuten: In IHM hat alles Platz, weil ER alles IST.

Was bringt uns näher zu Gott? Das Leben selbst, weil das Leben – richtig gelebt – nicht nur der größte aller Lehrmeister, sondern Gottes Offenbarung ist? Viele Mystiker sagen ja, das Leben selber sei der GOTT, in den wir hineinwachsen. Ich glaube: Erst wenn der GOTT IN UNS und der GOTT DA DRAUßEN (das Leben) miteinander so sehr »EIN ES« geworden sind wie zwei zueinander aufgestellte Spiegel, leben wir »wirklich« in seiner Gegenwart.

Wenn wir GOTT hervorlocken wollen in unsere Gegenwart, dann könnte der schnellste Weg jener sein, ganz WIR SELBST zu sein. Wenn SEINE Gegenwart in uns ist, »offenbart« sie sich möglicherweise am besten, wenn wir »offen« und »bar« werden, d.h. uns geben, »wie wir sind«, ohne Sonderschein, ohne Versteckspielen. Dann wirken wir zwar manchmal unvollkommener, als es unserem Bild von Vollkommenheit entspräche, aber wir bügeln auf diese Art und Weise versteckte Falten in unserer Seele aus, erlauben dem Leben durch unsere Fehler unser Lehrmeister zu sein, statt uns schon am Ziel zu wähnen und uns einzukapseln in jenen Sonderschein, wir wären erhabener als das Leben selbst. »Näher mein Gott zu Dir« – in dem Sinne könnte dies ein Aufgeben des eigenen Mentalzirkus sein, ein Loslassen von der Sucht, unser privates »Leela im Leela« (im Spiel eingekapseltes Spiel) zu spielen und wieder mit dem großen »Leela« (allem, was ist) eins zu werden. »Näher mein Gott zu Dir« wäre demzufolge ein Leben ohne »Sonderschein«, ein Erkennen: »Ich bin einzigartig (einmalig in der Art), aber nicht besonders (abgesondert von anderen)!«

## II. Gott als eingeborene Unschuld

### Gehören auch unsere Unzulänglichkeiten zum Leben?

Es gibt spirituelle Perfektionisten, die empfehlen, sein Leben in kontrolliertem Bewusstsein und Perfektionszwang zu verbringen. Diese Suggestion ist nicht besonders glücklich. Die Gefahr ist nämlich die, dass wir dann zu einer Art negativer Selbstkontrolle und Selbstbewertung kommen. Wir wollen fehlerlos werden und sind dann gar nicht mehr bereit, uns selbst loszulassen. Wir wollen dann permanent das Weltall unserer Gedanken kontrollieren, die Welt nach unseren Vorstellungen beherrschen und vergessen hierbei völlig, dass Gott auch unsere Unvollkommenheit braucht, sonst wäre das Weltall nicht perfekt.

Ganze Hochkulturen sind untergegangen, weil sie ZU PERFEKT wurden. Natürlich streben wir nach Entwicklung und wir streben nach Evolution, jene aber braucht auch unsere Unvollkommenheit (falls wir uns überhaupt anmaßen wollen, unser Dasein im Verstand in Vollkommenheit und Unvollkommenheit aufzusplitten). Wichtig erscheint uns, dass wir liebevoll mit unseren Unzulänglichkeiten und Unvollkommenheiten umgehen, dass wir uns selbst liebevoll begleiten. Liebloser Perfektionszwang führt nämlich zu negativen Abspaltungen und Verdrängungen. Wir sollten uns annehmen. Ein jeder muss sich selber austrinken wie einen Kelch. Aber er kann dieses Kelch, den er ohnehin trinken muss, auch genießen. Sich selbst zu genießen, auch mit der eigenen Unvollkommenheit, erscheint mir ein gangbarer Weg hinein in eine durch uns wirkende Vollkommenheit. Denn das Leben hat die wunderbare Eigenschaft, sich selbst in die Vollkommenheit zu treiben, wenn wir es nicht dabei behindern. Diese Vollkommenheit, die wir suchen, ist etwas, das DURCH UNS wirkt, nicht etwas, das von uns kommt. So ist Selbstannahme der richtige Schritt, um zur Seite zu treten und Gott durch uns wirken zu lassen. Reibung, Schwierigkeiten und Auseinandersetzungen sind hierbei notwendige Entwicklungshelfer. Ohne Reibung kein Wachstum – wie die nachfolgende Geschichte einleuchtend darstellt:

## Das Gleichnis von der perfekten Wettergewalt

Ein Bauer kam zum lieben Gott und bat ihn um die Wettergewalt. Und Gott gab sie ihm. Ein Jahr lang ließ er nur sanften Landregen strömen und dezenten Sonnenschein, kein Gewitter, kein Sturm, keine sengende Hitze. Die Ähren wuchsen prächtig heran, doch als der Bauer ernten wollte, kam nur Spreu dabei heraus. Der Mann rannte aufgeregt zum lieben Gott und tadelte ihn, weil das Korn fehlte, und Gott lächelte und sagte: »Es liegt nicht an mir, dass kein Korn vorhanden ist, es liegt an dir. Damit der ›göttliche Same‹ heranwächst, braucht es alles, Hitze, Blitz und Hagelschlag, ohne all dies gibt es kein Korn!« Da bedankte sich der Bauer und gab die Wettergewalt wieder an den lieben Gott in dem Wissen, dass er der Wahrheit SEINER Gegenwart wieder ein kleines Stückchen näher gekommen war.

## Kann uns die spirituelle Wissenschaft zu Gott bringen?

Die Physik und die Wissenschaft können sich nur mit Begrenztem befassen, mit Dingen, die man zählen, messen, wiegen kann, Gott aber ist unbegrenzt. Und doch gibt es Methoden, Verfahren, um das Erleben SEINER Gegenwart für den Menschen verfügbarer zu machen, die spirituelle Wissenschaft. Sie ist zwar immer noch ein »Finger, der zum Monde zeigt«, aber der Schleier zwischen dem Namenlosen und dem Namhaften wird wieder dünner.

Es gab einmal eine Zeit, in der die feinstofflichen Reiche verfügbarer waren als heute. Romane wie »Die Nebel von Avalon«, aber auch Götter- und Heldensagen berichten davon. Die Legende sagt: Das Zuziehen des Schleiers zwischen der feineren Welt und der physischen Ebene war für viele Sucher sehr schmerzhaft. Das Nebulöse verschwand und aus real Erfahrbarem wurde eines Tages Aberglaube. Und doch hatte dieses Zuziehen des Schleiers möglicherweise einen Sinn.

All die Götter und Halbgötter, über die in den Legenden und vielleicht sogar wahren Schilderungen berichtet wird, all die Urkräfte, die als (Halb-)Götter unter den Menschen wandelten, sind ja doch nur Ausdrucksformen des EINEN, so wie auch wir Ausdrucksform des EINEN sind. Damit soll nicht ihre Potenz entwürdigt werden, ihr Wirken hinterließ äonenlange Spuren. Doch vielleicht war dieses »Zuziehen des Schleiers« gerade deshalb kein Fluch, sondern ein Segen, weil wir uns so ungestört von den (Halb-)Göttern entwickeln und die EINHEIT suchen konnten. Vielleicht bietet uns diese Zeit, die einer spirituellen Kultur noch mangelt, das Geschenk, Gott suchen zu dürfen, wo wir ihn jahrtausendelang nie vermutet hätten, IN UNS SELBST.

Vielleicht sind die Wissenschaften, die so oft von den Priestern verteufelt wurden, doch eine wunderbare Hilfe. Sie helfen zu entmystifizieren, was nicht DAS EINE ist, und die EINHEIT zu suchen. Mystik und Wissenschaft geben sich immer mehr die Hand. Wissenschaft kann heutzutage Aberglauben entlarven, aber auch die Mystik in ihrem Kern bestätigen. Veranstaltungen wie der Kongress »Unity in Duality«, der unter der Schirmherrschaft des Dalai Lama geführt wurde, offenbaren, wie nahe die mystischen

Erfahrungen der Buddhisten und die neuesten Erkenntnisse der Quantenphysik einander sind. Wir lernen unseren Dogmatismus abzuarbeiten, finden wissenschaftlich fundierte Worte für das, was man bisher »glauben« musste, und säubern unsere Sicht von moralischen oder verstaubten Scheuklappen, vielleicht, um das zu erfahren, was mehr und mehr vor unseren Augen liegt: GOTT SELBST!

Vielleicht ist dies eines der großen Geschenke der spirituellen Wissenschaft, dass sie erforscht, wie das GANZE zusammenpassen könnte. Wir wir uns miteinander verbünden könnten, miteinander in den »Rädern der Zeit« leben könnten, in dem inneren Wissen, dass Gott in jedem von uns lebt, und in der äußeren Erfahrung, dass in diesem »Dornröschenland Erde« uns Gott an jeder Straßenecke entgegenruft.

Sehenswert ist in dem Zusammenhang insbesondere der Film BLEEP, der ab November 2005 in deutschen Kinos läuft. Kreieren wir das, was wir sehen, selbst? Wie wirklich ist unsere Realität? Diese Fragen und die verblüffenden Antworten stehen im Mittelpunkt des Films »What the Bleep do we know?« Wissenschaftler und Lehrmeister bieten dem Zuschauer mit ihren Antworten verblüffende Erklärungen und Erkenntnisse, die es dem Zuschauer ermöglichen, die eigene Lebenssituation zu verstehen und zu verändern. Dabei bedienen sie sich der neuesten wissenschaftlichen Erkenntnisse von der Quantenphysik bis hin zur Gehirnforschung. Ihre Aussagen sind jedoch nicht nur wissenschaftlicher Natur. Über dem Verlauf des Films verschwimmen zunehmend die Unterschiede von Wissenschaft und Spiritualität und wir beginnen zu erkennen, dass letztlich beide Sichtweisen die gleichen Phänomene beschreiben. Eingebettet in die Dokumentation sind Spiel- und Animationsszenen, gespielt von der Oscar-Preisträgerin Marlee Matlin. Die Animationen der Dokumentation greifen einige komplexe Themenbereiche auf und vermitteln diese auf einfache, anschauliche Art und Weise. Implizierte Antworten auf Fragen wie: Was ist eigentlich Realität? Was Illusion? Wie funktioniert die Wirklichkeit? Wie funktioniert Realität, wer erschafft sie? Was sind Gedanken? Wo kommen sie her? Warum kehren Krisen und Leid immer wieder? Unsere Beziehungen scheinen sich in ihrer Qualität zu wiederholen, woran liegt das? Warum verändert sich nicht wirklich etwas? Haben wir Einfluss auf das, was uns passiert, oder sind wir Opfer? verstärken die wissenschaftlichen Aussagen des Films und bringen auf den Punkt, wie wir die Realität unserer menschlichen Erfahrung verändern können. Die intelligente Zusammenstellung von Spielhandlung, Interviews und Animationen zur Vermittlung dieser verblüffenden Aussagen sind nur ein Teil von dem, was den Film einzigartig macht.

## Bringen uns Rituale näher zu Gott?

Ein Ritus soll etwas verfügbar machen, was »jenseits des Ritus« ist, und hat irgendwo auch seinen Sinn. Doch solange wir Gott NUR in dem konkreten äußeren Ritus suchen, solange wir das Symbol für IHN halten, trennen wir uns noch von ihm.

Gott ist AUCH im Ritus zu finden und wer eben jenen braucht, damit sich sein System für Gott öffnen kann, soll ihn einsetzen. Würden wir Gott nur auf unsere Erlebensform beschränken, wären wir dogmatisch. Auch wenn die Einheit, die wir in unserem Ritus spüren, unzerstörbare Realität ist, da draußen IST Gott bereits in SEINER Form. Schlüssel, Riten gibt es viele und wir können sie durchaus als heilig betrachten.

Gebetsformulierungen und heilige Mantren rufen Gott durch eine Gedankenform an. Diese Gedankenform hat eine starke Ladung der Rückerinnerung an eine Urpulsation, sie ist ein »Klangweg« zu diesem Urprinzip und hilft, den Verstand, den gesamten Mentalkörper und auch das Zellbewusstsein auf Gott auszurichten, denn die Welt ist Klang.

Wenn wir archetypische Urformen dafür benutzen, wie das »Hare Krishna Mantra«, das »Vaterunser«, die »Marienanrufungen«, erreichen viele damit auch eine Urpulsation jenseits einer persönlichen Vorstellung von Gott, machen sogar körperliche, physische und metaphysische Erfahrungen von Entzücken, Ekstasis, innerem Frieden und Seligkeit. Doch vergessen wir nie, dass ein Ritus nur UNS resonanzfähig machen soll, Gott ist immer da.

Genauso ist es auch mit dem Guru-Yoga. In Indien ist es üblich, dass der Sucher einen Guru aufsucht, der für ihn Gott darstellt. Diese Art der Guruverehrung, bei der der Schüler »in die Betrachtung der Füße Gottes« versunken ist oder über ein Foto seines Gurus Tag und Nacht meditiert, ist für den Schüler keine Götzenverehrung. Es ist das »Sich-Einschwingen« auf eine sehr hohe Vibration, die den Schüler an den Gott in ihm selbst erinnern, den schlafenden Gott in ihm wachrütteln soll. Beim Guru-Yoga ist es notwendig, dass der Sucher sich von dem äußeren Bild des Gurus freimacht und die Vibration des Höchsten HINTER dem Guru sieht. Fast immer kommt der Schüler des »Guru-Yoga« irgendwann in seiner Entwicklung an einen Punkt, wo er auch den Guru loslassen muss. Die Wege beginnen sich in der Regel irgendwann zu gabeln – spätestens ab dem Zeitpunkt muss der Schüler selbst zum eigenen Weg werden, auch wenn der Guru oftmals weiterhin als Freund, nicht mehr als Lehrer, zur Seite steht. Über Guru-Yoga sind Tausende zu sich selbst erwacht, wobei der letzte Schritt für viele jener war zu erkennen: »SO HAM« (Sanskrit, in Deutsch »ICH BIN ER«).

Im Westen kennt man diese Form der Guruverehrung nur begrenzt. Man betet zu Jesus Christus, Mutter Maria und den Schutzheiligen um Gesundung, Befreiung von Leiden etc. Diese Gebete haben eine gewisse Kraft, da sie an die Vibration des Heiligen angeschlossen sind. Hier entscheidet der einzelne Sucher, ob er sich mit einem hochstehenden Archetyp, wie z.B. Mutter Maria, verbindet, oder sich an einen »gewöhnlichen« Heiligen, der aber historisch, räumlich, persönlich oftmals eher verfügbar ist, wendet, wie zum Beispiel an die heilige Irmgard oder den heiligen Franziskus. Manchmal, aber natürlich nicht immer, ist der kleine Nachbar für die eigene Schwingung »kompatibler« als der große Prophet in der Ferne.

Auch heute noch gibt es Wunderheilungen durch Gebete an Schutzheilige und große Meister. So wird beispielsweise immer wieder berichtet, dass Menschen, wenn sie auf ein Bildnis des Wunderheilers Bruno Gröning, der in den 50er Jahren in der Nähe von Rosenheim wirkte, meditieren, Wunderheilungen erfahren. Bruno Gröning war offenbar ein Mensch, der in der Lage war zu erkennen, dass wir Menschen »Schwingungen« darstellen und dass es Heilwellen gibt, die den ganzen Kosmos durchziehen. Gröning war in der Lage, solche Heilwellen zu spüren und durch sich zu den Menschen zu lenken.

Wir projizieren sowieso oftmals den ganzen Tag. Heilströme durch den Archetyp eines Schutzheiligen herbeizubitten, wäre mit Sicherheit sinnvoller, als dem Denver-Clan beizutreten.

Irgendwann entwickelst du möglicherweise den persönlichen Ausdruck deines Heilers, denn der größte Heiler, und damit Gott selbst, ist auch in dir. Wenn du IHN in dir nicht so richtig spüren kannst oder nicht so kraftvoll oder eben nicht ausgestattet bist mit jener Qualität, die du brauchst, dann ist es durchaus legitim, einen Schutzheiligen anzurufen, wobei du dir vergegenwärtigen solltest, dass du seine Essenz meinst, nicht seine Persönlichkeit, und mit der Anrufung des äußeren Heilers eigentlich deinen inneren Heiler meinst, den du einsetzen kannst in dem Maße, wie dir SEINE Gegenwart bewusst ist.

Auch der Okkultismus, also die Zuhilfenahme verborgener Kräfte (die eigentliche Bedeutung des Wortes okkult bedeutet lediglich »verborgen«) könnte hier seine Berechtigung haben – möglicherweise ist es durchaus legitim, bei einer Heilpraktikerprüfung sich auf den Geist von »Paracelsus«, »Hahnemann« oder »Pfarrer Kneipp« einzustimmen und sich von ihm inspirieren zu lassen, wenn man auf eine Frage momentan die Antwort nicht finden kann.

Mehr als der Osten hat der Westen über Logen und Metaphysik Gerüste dafür entwickelt, Gott im Außen zu erfahren. Diese Gebilde sind in einer kosmischen Sprache gehalten, wir finden sie z.B. in der »Jakobsleiter«, im Hebräischen als »Quaballah« bezeichnet (Quaballah = hebr. »reisen«, d.h. zu Gott reisen).

Der Osten hat sich stark dafür gemacht, Gott im Inneren zu finden. So sind alleine die Meditationstechniken, die Gautama, der Buddha, entwickelt und auf Erden gebracht hat, derart vielfältig, wissenschaftlich und umfangreich, dass es für den Praktizierenden ein Leben lang dauern würde, bis er sie alle beherrschen würde.

Das TAO-Yoga lehrt, dass über die »innere Alchemie« Gott erfahrbar ist. Die Wissenschaften des heiligen indischen oder tibetischen TANTRA, einer Mischung aus Sexualmagie und Selbsterfahrung, mit ihren 112 heiligen Sutren offenbaren, wie Gott in der Verschmelzung des Liebesaktes erfahren werden kann. Das KAMASUTRA, von einem Weisen namens Vatsjajana geschrieben, offenbart, dass Gott auch in der Sinnlichkeit und in der Form zu finden ist. Die Form lehrt uns in dem Zusammenhang möglicherweise, dass wir nicht der Form versklavt sind, auch wenn und vielleicht gerade weil sie einen Reiz auf uns ausübt. Wir sollten uns öffnen und die Form durchdringen, wo sie bereit ist, sich uns zu öffnen, und uns dem Geist hinter der Form öffnen, wo er bereit ist, uns zu durchfluten. Dann würde der Umgang mit der Form zum Liebesakt mit der Schöpfung.

All diese Rituale und Lehren sind verdienstvoll, auch wenn die Gefahr besteht, dass man daraus ein Dogma macht. Der, der sich der Bergspitze von Süden aus nähert, beschreitet eine andere Landschaft als jener, der von Norden aus kommt. Handelt es sich aber um eine wahre Religion, dann führt sie immer geradewegs zum Ziel. Am Gipfel ist alles eins, ist Gott INNEN und AUSSEN, in DIR und in MIR, in der Gegenwart sowie in und jenseits aller Zeit. Als einer der wenigen Pioniere hat der heilige Ramakrishna nahezu sämtliche Wege ausprobiert, um jedes Mal zu dem gleichen Ergebnis zu kommen, dass eben auch jener Weg zum Ziel führe. Rituale aber sind so etwas wie Meilensteine auf dem Weg, sinnvoll für eine gewisse Wegstrecke, um dann, wenn wir es wollen, wieder losgelassen zu werden.

## Über die in jedem Menschen eingeborene Unschuld

Leben in SEINER Gegenwart bedeutet die totale Hingabe unseres ganzen Wesens, unsere totale Aufrichtigkeit. Wir können gegenüber der Welt alles Mögliche verbergen, Gott aber kann sich uns nur »offenbaren«, wenn wir selber »offen-bar« sind, also rein wie ein Kind, was letztendlich als Wiedergeburt unserer Unschuld erlebt wird. Unschuld aber ist nicht das Meiden von Bösem, sondern jene Transparenz, die Gott erlaubt, in und durch uns alles reinzuwaschen.

Gott liebt seine verlorenen Söhne und schwarzen Schafe, weil er weiß, dass sie die Mutigen sind. Gäbe es keine schwarzen Schafe im Kosmos, wären die Winkel der Psyche unerforscht. Doch er liebt auch die weißen Schafe, die daheim geblieben sind, die sich nicht mehr vom Ursprung entfernen wollten, denen der bisherige Erfahrungsschatz mehr als ausreichend ist. Gott hat nie über einen von uns geurteilt, dies war ein Missverstehen, zu glauben, dass Gott urteile. Für den Menschen stellt sich eigentlich nur die Frage, ob er SICH SELBST annehmen kann mit allen (vermeintlichen) Licht- und Schattenseiten.

Kannst du dich mit reinem Herzens annehmen, dann nimmt ER dich auch an, denn ER ist auf einer anderen Ebene dein wahres DU. »Die Braut Christi« und »der Bräutigam« sind in Wahrheit EIN ES.

Ein Verstricktsein in »gefallene Spiele« (Spiele des Getrenntseins) könnte das Bewusstsein deiner »eingeborenen Unschuld« benebeln. Vielleicht magst du dann mithilfe einer Formel von Nikolaus von der Flue, die du seelenvoll als Rosenkranz sprichst, deine Einstimmung auf SEINE Gegenwart wieder aufnehmen, das Bewusstsein vom Mangel weg- und zur eingeborenen Unschuld hinlenken?

*»Mein Herr und mein Gott, nimm alles von mir,*
*was mich hindert zu Dir.*
*Mein Herr und mein Gott, gib alles mir,*
*was mich führet zu Dir.*
*Mein Herr und mein Gott, so nimm mich*
*und gib mich ganz zu Eigen Dir.«*

## III. Gebete – ein Weg zu Gott?

### Was ist beten wirklich?

Wenn wir richtig beten wollen, müssen wir fühlen, was wir sprechen, und meinen, was wir sagen. Dies bedeutet, unsere Seele in die Worte und die innere Übung zu legen.

Im Gebet öffnet sich das eng begrenzte Persönlichkeitsbewusstsein und wird hingegeben an das EINE Bewusstsein, man löst seinen Tropfen im Ozean Gottes auf. Beten in dem Sinne bedeutet, sein Bewusstsein auf Gott zu richten.

Ein wahres Gebet fühlt sich an, wie ein Nach-Hause-Kommen. Ehrlichkeit ist hier wichtiger als schöne Worte, viele benutzen beim Beten gar keine Worte, sondern erleben ihr Gebet als eine innere Hinwendung, als einen Energieaustausch. Der eine fühlt sein Gebet als Lichtbad, der andere als ein Strömen, wieder ein anderer als einen sich herabsenkenden Frieden. Und auch der, der meint, nichts gespürt oder erfahren zu haben, braucht nicht besorgt zu sein. Hat er sich nur ein klein wenig geöffnet, ist auch sein Gebet nicht ohne Wirkung geblieben. Auch bei ihm kann es sein, dass er nach seinem Gebet, vielleicht ohne es gleich zu bemerken, in der Bewältigung seiner äußeren Herausforderungen ein Stück weitergekommen ist.

Wenn man spricht, kann man zur Einstimmung Wortformulierungen aus Rosenkranzgebeten verwenden oder solche, die einem dafür am geeignetsten erscheinen, die die Tür zum eigenen Herzen aufschließen. Doch man kann auch einfach in die Stille gehen und SEINE Gegenwart spüren. Am besten, man probiert einige Techniken und Mittel aus, um seinen eigenen Weg zum Gebet zu finden. Auch ein Gebetskreis, in dem es jedem möglich ist, seine eigene Form der Ansprache zu finden, kann eine Hilfe sein.

## Die Kunst des Betens

Wenn die Menschen zu Jesus kamen mit der Bitte: »Herr, lehre uns beten!«, dann wollten sie dieses »Sich öffnen« erlernen. Ihnen ging es nicht in erster Linie um die Worte, sondern darum, dass etwas »geschah«, um »kraftvolles Beten«.

Alleine schon die Absicht, beten zu lernen, setzt eine hohe Einsicht voraus, nämlich jene, dass man das Beten erlernen kann. Kann man überhaupt beten lernen? Ja, man kann. Beten ist eine Kunst ähnlich der Kunst des Liebens, es kommt ganz auf uns und ganz auf Gott an. Der eine sagt: »Es kommt zu 1% auf uns an, zu 99% auf Gott, doch wenn dieses 1% Gebet fehlt, reicht es nicht aus«, der andere meint, es sei umgekehrt, auf jeden Fall muss beides zusammenkommen, damit ein Gebet »resonieren« kann. Ja, vielleicht ist beten eben die Kunst, in jene »Übereinstimmung« zu kommen, dann macht es nichts, ob die 99% bei Gott oder bei uns liegen.

Die spirituellen Meister der Alchemie sagen, wir seien eine Art alchemistischer Ofen, in dem unsere Triebkräfte und höheren Einsichten erst einmal ungeordnet und oftmals unvereinbar scheinend parallel zueinander fließen. Alchemie im göttlichen Sinne bedeute nicht nur Umwandlung unedler Metalle in Gold, sondern auch die Veredelung all dessen, was in uns ist, des Hohen wie des Niederen, des Triebhaften wie des Geistigen. Dies könne aber nur geschehen, wenn all dieses miteinander verwoben würde, so, dass keines von alledem zum Erlahmen kommt. Feuer und Wasser löschten sich eigentlich gegenseitig aus, aber in der Alchemie würden sie eines. Wahres Gebet ist eine Art »innere Alchemie«, versöhnt unsere inneren, oft widerstreitenden Aspekte – ob wir uns eines Tages mit unserem inneren Feuer und Wasser ein warmes Bad oder einen leckeren Tee bereiten können?

Jedes wahre Gebet stößt auf Resonanz im Kosmos und verändert auch die Schwingung der Seele, richtet sie aus. Als Folge der Wandlung könnte es sein, dass sich Lebensumstände nach einem größeren Plan ausrichten, dem meiner Seele, der Monade, des allumfassenden Selbsts.

Manchmal kann es als Folge des Gebetes auch »Abfackelungen« von alten Überresten geben und uns werden Dinge eingespielt, die erst einmal unangenehm erscheinen, aber doch einen tieferen Sinn ergeben. Dann sollten wir über jene nicht urteilen, sondern sie als Bestandteil des Prozesses lieben und freudig begrüßen.


## Über das »richtige« Beten

Manche Menschen beten zwar auf individuelle Weise, je nach Einsicht, Religion und Glauben, doch ihre Gebete sind mangels besserer Einsicht Phrasen, hohl wie eine Larve, kraftlos, inhaltsleer. Immer wieder werden Gebete nicht erhört, weil der Betende Gott, sein wahres Selbst, nicht erreicht hat. Wenn wir »daneben beten«, d.h. den Empfänger Gott nicht erreichen, kann keine Bestätigung, keine Erwiderung, keine Resonanz, keine Erfüllung erfolgen.

Wir brauchen Gott nicht im Gebet zu besänftigen oder zu versöhnen, weil er niemals über uns geurteilt hat, es genügt, wenn wir in die Einheit gehen, so wie Jesus sagt: »Gehe hin und sündige fortan nicht mehr« oder »Deine Sünden sind dir vergeben.« Sobald wir uns im Gebet der »Wahrheit hinter dem Schein« zuwenden und diese im Gebet bejahen (Energie darauf fließen lassen), ist Erfüllung bereits geschehen.

Jedes wirkliche Gebet wird ER-hört, aber nicht unbedingt erfüllt. Steht es beispielsweise im Widerspruch zum Schöpfungsplan, wäre es für die Schöpfung absolut sinnlos, es zu erfüllen, und in dem Falle täten wir auch nicht gut daran, uns die Erfüllung zu erzwingen zu versuchen. Wir würden damit nur Disharmonie schaffen und die Wunscherfüllung würde uns dann nicht zum Segen gereichen. Wenn wir aufmerksam beten, können wir jedoch spüren, dass uns auf unser Gebet eine Einsicht geschenkt wurde, beispielsweise jene, dass es besser wäre, um etwas anderes zu bitten, dass wir unsere Bitte möglicherweise noch nicht richtig formuliert haben. So manch einer wünscht sich beispielsweise seine Angebetete zur Ehefrau und es kann sein, dass es eine Strafe für ihn ist, wenn sich dieses Gebet erfüllt. Deshalb, um auch mit sich selbst im Reinen zu sein, ist es sinnvoll, der eigenen Bitte den Zusatz beizufügen »wenn es gut für mich ist«. Oder ich formuliere meine Bitte, halte aber danach inne und lausche in mir, welche »innere Antwort« auf mein Gebet kommt. Dieses »In-sich-Hineinhorchen« kann man lernen. Es ist die Meditation als Ergänzung zum Gebet. Meister Eckehart drückte es wie folgt aus: »Im Gebet spreche ich zu Gott – in der Meditation lausche ich und Gott spricht zu mir!«

Wer weise betet, geht in die Wahrnehmung (»das Wahre nehmen«) und aktiviert, was in eben jenem Plan sich als Möglichkeit offenbart, bejaht eben jenes, das unser Bestes und das Beste des Ganzen ist, was der EINEN Kraft wohlgefällig ist.

Im wahren Gebet spricht das Allerinnerste, Gott im Innen, mit dem Allerhöchsten, Gott in Allem, und dann können wahrhaft Wunder geschehen. So wird Gebet zu einer Ausrichtung, nicht nur von uns, sondern von allem, was unseren Lebenskreis betrifft.


## Gebet und Wunscherfüllung

Wirkliches Beten bedeutet nicht, den Versuch zu unternehmen, Gott zu überzeugen, einmal eine Ausnahme zu machen, Gesetze zu ändern oder ihn zu manipulieren, gegen eine gerechte Sache vorzugehen. In der Außenwelt können wir versuchen, jeden zu belügen, und oft würde uns dies auch scheinbar gelingen, aber die eigene Seele und auch Gott können wir niemals belügen. ER sieht uns ungeschminkt – weil ER unser wahres Selbst ist, weil ER uns besser kennt, als wir uns selber zu kennen glauben.

Somit können wir Gott natürlich nicht verantwortlich machen für die Folgen unseres Tuns, für den Missbrauch von Freiheit, für Dummheit, für eigensüchtiges Denken oder Handeln, denn damit würden wir uns selbst entmündigen, statt uns wie Ebenbilder Gottes zu verhalten. Wer aber um Hilfe und Führung und Einsicht bittet, mit der Bereitschaft, stets sich selbst zu geben, dessen Gebet wird sicher erhört.

Manche erwarten die Erfüllung ihrer Gebete in einer ganz bestimmten Weise. Wenn Gebete scheinbar keine Erhörung finden, dann oftmals dort, wo das Bewusstsein mit so vielen menschlichen Urteilen angefüllt ist, dass man unfähig ist, die bereitstehende Erfüllung zu erkennen und anzunehmen.

Bei Jakobus heißt es: »Ihr bittet und empfanget nicht, darum, dass ihr übel bittet.« Wer falsch bittet, nicht wirklich betet, sich nicht wirklich öffnet, nicht wirklich EINS wird mit dieser EINEN Kraft, kann auch nicht empfangen.

Ein Gebet in dem Sinne, ein Übel müsse gewendet, eine Not beseitigt werden, beruht auf einem Irrglauben. Solange sich ein Gebet mit einem Problem oder einem Übel befasst, wurde übel gebetet, denn ein solches Gebet befasst sich nicht mit der Wirklichkeit, sondern nur mit dem äußeren Schein. Der äußere Schein ist nichts anderes als eine Aufforderung, die innere Disharmonie zu ändern.

Viele Menschen verwechseln Gott mit einem Warenhaus. Sie sagen: »Lieber Gott, ich hätt gern ..., mach mal ..., tu mal ...«

Derartige Himmelsanbettelei ist völlig überflüssig. Weder können wir Gott mit unserem Flehen beeinflussen, noch können wir ihm irgendwelche Aufträge erteilen. Gott ist nicht Neckermann oder der Warenbestellschein in der großen Lotterie des Lebens.

Sinnentstellt wäre es, Gott zu bitten, dass wir vor Gericht Recht bekämen, dass sich unser Partner endlich ändern oder unsere Schwiegermutter endlich etwas einsehen möge, sich die Schöpfung ändere, so wie wir es für richtig halten. Der Gott in uns hat einen individuellen Plan für jeden und jede ungerechtfertigte Einflussnahme wäre ein Eingriff in Gottes Hoheitssphäre, außerdem eine Verletzung des Rechtes auf freien Willen des Individuums.

Wahres Beten ist das Bestreben unseres Bewusstsein, sich auszurichten auf das Bewusstsein des Schöpfers, des wahren Selbsts, und den individualisierten Teil des einen Bewusstseins wieder in Einklang zu bringen mit dem Bewusstsein des Ganzen, also jene »Öffnung des Gefäßes«, die wir suchen. Wahres Gebet ist das Darbringen unseres inneren Seins vor Gott durch unser Bewusstsein, das sich auf Gott eingestimmt hat. Wahres Gebet bedeutet, Gott durch uns wirken zu lassen.

Der Weg des wunschausrichtenden Gebetes ist durchaus legitim und kann uns helfen, Gottes Wirken tiefer zu verstehen, als wenn wir permanent vor unseren Träumen flüchten. Es gibt Fälle, in denen eine Wunscherfüllung uns sehr viel bedeutet und es dem Plan des Ganzen keinen oder wenig Abbruch tut, wenn uns dieser Wunsch erfüllt wird. In dem Fall sind wir durchaus berechtigt, im Gebet unserer Sehnsucht Ausdruck zu verleihen, sodass nach der erfolgten Wunscherfüllung dann Energie für wirklich wichtige Dinge der Schöpfung frei wird.

Manchmal kann es sein, dass die Erfüllung schon für uns gedacht ist, aber zu einem anderen Zeitpunkt oder in einer anderen Form, als wir es uns vorstellen, dann sollten wir vielleicht lernen, auch mit diesem Zeitpunkt und dieser Form zu liebäugeln. Grundsätzlich allerdings können wir sagen: Dinge, die uns wirklich wichtig sind, sind auch GOTT wirklich wichtig, sonst wäre er nicht unser Vater und sonst wäre er nicht in uns!

Je mehr wir uns auf SEINE Gegenwart und SEINE Form der Erfüllung einstimmen, desto mehr gelangen wir in das Urvertrauen, dass sich der Plan Gottes jeden Augenblick entfaltet. Oft entbehrt es dann einer Notwendigkeit, Gott um die Erfüllung subjektivistischer Pläne oder gar um Rettung zu bitten. Übertreiben wir »Hilf-uns-Aktionen«, könnte dies uns im Bewusstsein zurücklassen, vom Plan Gottes getrennt zu sein. Wenn wir uns jedoch von einer ganz bestimmten Form der Erfüllung getrennt fühlen, kann ein wunscherfüllendes Gebet durchaus eine Hilfe sein, eine Zwischenstufe, um in jenes Einverstandensein / Einssein zu gelangen, das wir suchen.

Auf einer fortgeschrittenen Stufe heißt beten, sich einzustimmen auf den göttlichen Meisterplan, die »Blaupause«, und im Einklang mit diesem Plan zu leben, den Augenblick zu erfüllen und so ein erfülltes Leben anzuerkennen.

Viele erleben das Beten als ein »Sich-Auflösen« in der Einen Kraft. Wenn wir den inneren Drang spüren zu beten, dann sollten wir es tun und dann gibt es auch nichts, was wichtiger wäre als jenes. Manchmal aber gibt es Stunden, in denen uns nicht nach beten zumute ist, dann sollten wir uns dies erlauben und erst dann wieder beten, wenn wir spüren, dass es uns ein inneres Bedürfnis ist. Wenn wir uns vergegenwärtigen, dass unser Gebet den Kanal reinigt und dazu beiträgt, dass die Kraft Gottes sich immer freier durch uns entfalten kann, dann erkennen wir, dass alleine die Gnade, beten zu dürfen, bereits höchste Wunscherfüllung IST.

## Leben im Auftrag zweier Welten

Manche beten aus Angst vor Enttäuschung nicht, sie befürchten, dass doch nichts passiert. Um sich dieser Enttäuschung nicht auszusetzen, beten sie erst gar nicht. Andere beten oder tun, was sie für beten halten, obwohl sie »wissen«, dass nichts passiert.

Manche haben gebetet und es geschah aus ihrer Sicht nichts. Anstatt sich zu vergegenwärtigen, dass man beten »lernen« muss, oder Hilfe bei einem Gebetskreis zu suchen oder mit Freunden darüber zu sprechen, nehmen sie dies einfach unnötigerweise hin. Wenn sie nach dem wahren Gebet suchen würden, würden sie vielleicht erkennen, dass sie noch nie wirklich, d.h. kraftvoll, verändernd, gebetet haben.

Wichtig erscheint uns hier, dass beten nicht mit dem Ablaufenlassen mentaler Schallplatten oder einem »Sich-etwas-Einbilden« verwechselt werden darf, denn dies wäre ein Hindernis. Auch Wunschdenken im Gebet kann ein Hindernis sein. Das bedeutet nicht, dass wir eine zweitklassige Erfüllung akzeptieren sollen, doch die Wunscherfüllung ist nicht der eigentliche Sinn des Gebetes, höchstens ein Nebeneffekt.

Eigentlich können wir die Menschen in drei Gruppen unterscheiden: Da sind jene, die Gott um die Erfüllung ihrer Wünsche bitten. Dann sind da jene, die nicht an Gott glauben oder auf ihn zornig sind, weil er ihre Wünsche nicht erfüllt. Und dann sind da jene, die Gott weise die Führung über das eigene Leben erlauben und lediglich um Erkennntnis bitten. Sie als Einzige erlangen Einsicht in den großen Schöpfungsplan und die Geheimnisse des Lebens. Am höchsten steht aber das Gebet als Erfüllung an sich.

Wir sollten das Gebet SELBST zur Erfüllung machen, im Gebet SELBST die Einheit mit der Erfüllung erleben und dankbar sein, dass in der WIRKLICHKEIT (in der Welt des Geistes) Erfüllung bereits geschehen IST.

Wenn wir beginnen, in und für die geistige Welt zu leben, wie es Emanuel Swedenborg in seinen Werken wunderbar beschreibt, erleben wir nämlich das Wunder, dass unsere Gebete sowohl in der Innen-, wie auch in der Außenwelt erhört werden. Was der Materiebesessene sucht, ohne es zu bekommen, erhält der Geisterfüllte im Gebet, ohne es zu verlangen, es »plumpst« auf die Erde, weil kein Negativ-Ego (Zweifel etc.) die Erfüllung verhindert.

Wenn wir sowieso eigentlich nur durch unser Gebet dienen wollen, dann können wir auch alle Ängste um die Erfüllung loslassen, dann ist unser Gebet reiner Gottesdienst. Dann öffnen wir unser Gefäß nach oben, wie es das Märchen vom »Sterntalerchen« bildnishaft ausdrückt, und beten wahrhaft.

Das Gebet begleitet uns auf jeder der Stufen unseres Weges, auf der ersten Stufe als bloße Formel, an die man glauben könnte, aber doch nicht richtig glaubt, auf der letzten Stufe als unabdingbare Notwendigkeit, als »unser täglich Brot«. Ein dem Gebet geweihtes Leben ist für viele ein »Schrei des inneren Herzens« nach mehr Liebe, mehr Licht, mehr Vollkommenheit für »alles, was ist«, ohne dass wir in irgendeiner Form bewertend wären. Im »Auftrag zweier Welten« waschen wir der Welt und dem Einzelnen die Füße, aber niemals den Kopf, d.h. wir maßregeln niemanden, aber wir heiligen alles und jeden, ob er sich dessen bewusst ist oder nicht. Die Arbeit des Betens steht an allen Stellen des Weges in »dieser« und in »jener« Welt.


## Geführte Meditation »Im Tempel meines Herzens«

Ich schließe meine Augen und gestatte meinem Körper, bewegungslos zu sein, als Zeichen dafür, dass ich das Außen loslasse.

Ich beobachte meinen Atem, versuche ihn weder voranzutreiben noch zu unterdrücken, und gehe nach innen. Ich sinke in das Licht in mir, lasse einfach los, ich sinke in das Licht meines wahren Selbsts in mir. Und während ich in der Tiefe meiner eigenen Mitte ruhe, erkenne ich im Lichte meines wahren Selbsts den Tempel meines Herzens, und ich weiß, in diesem Tempel meines Herzens wohnt Gott in mir. Ich sinke tiefer und tiefer hinein in den Tempel meines Herzens. Ich begegne Gott in mir. Ich sinke hinein in das Zentrum des Lichtes in mir und erlebe die Gegenwart GOTTES im Tempel meines Innersten. Ich stehe vor Gott, schwinge in tiefstem Einssein mit Gott und lasse geschehen, was geschieht, erlebe die Verwandlung.

Wenn ich eine Frage habe, kann ich diese jetzt ins Bewusstsein nehmen und erlebe, dass ich in Einklang mit dem Gott in mir energetisch mir selbst die Antwort zuteil werden lasse. Sie kann als Energieerlebnis kommen oder in Form von Worten. Wenn ich Gott etwas sagen möchte, kann ich jetzt sprechen. Und während ich wahrnehme, spüre ich die Gewissheit der Antwort in mir, erkenne ich, was Gott mir sagt.

Noch einmal nehme ich ganz bewusst wahr, dass ich im Innersten meines Selbsts, im Tempel meines Herzens, vor Gott stehe, im Einssein mit IHM schwinge, dass ich Gott in meinem Innersten, im Tempel meines Herzens, jederzeit begegnen kann.

Erfüllt von tiefer Dankbarkeit, löse mich wieder behutsam aus dem Erlebnis und kehre wieder zurück an die Oberfläche meines Seins zurück ins Hier und Jetzt, während die Gegenwart GOTTES weiter aus dem tiefsten Inneren durch mich strahlt.

Wann immer ich bereit bin, öffne ich meine Augen und bin wieder ganz bewusst im Hier und Jetzt und mache mir bewusst, was geschehen ist.

# IV. Bewusst leben – in SEINER Gegenwart

## Von der Illusion zur Wahrnehmung

Jede geführte Meditation ist natürlich erst einmal eine Stütze; solange wir Worte benutzen und Ant-Worten erwarten, sind Fehler in der Übersetzung möglich. Es kann sein, dass Wunschdenken oder irgendwelche Zwischenebenen sich einmischen und die im Gebet oder der geführten Meditation erhaltene Antwort oder Wahrnehmung nach Gutdünken verfälschen.

Es kann auch sein, dass allein aufgrund der Tatsache, dass wir eine Antwort erwarten, eben diese Erwartung die Wahrnehmung verfälscht.

Da wir alle irgendwo Verstandesmenschen sind, kann es immer wieder sein, dass sich ein ganz klein wenig Verstand in die Wahrnehmung einmischt und dann gewaltig aufbläht, lassen wir also auch den Verstand wirklich los, wenn wir in IHN eingehen wollen.

Energetisch ist die Bestätigung im Gebet oftmals richtig, doch solange wir nicht diese Kunst erlernt haben, wie wir wahre Antworten von Pseudo-Antworten unterscheiden – selbst wenn wir glauben, den Verstand losgelassen zu haben –, sollten wir achtsam sein.

Es gibt Menschen, bei denen die »innere Antwort« immer zutrifft, andere handeln nach einer »inneren Stimme« und es stimmt offenbar doch nicht. Es braucht für viele eine ordentliche Portion Erfahrung, um Gewissheit und Souveränität im Umgang mit der »inneren Wahrnehmung« zu haben, Fehlerquellen sind nie ausgeschlossen.

Bei wichtigen Entscheidungen sind, wenn wir unsicher sind, auch andere Hilfsmittel legitim, wie z.B. Kinesiologie (Armtest),

Pendeln, Tarot, Astrologie, I-Ging, Gespräche mit guten Freunden – wir meinen, jeder hat da seine eigenen »Navigationshilfen«, die bei ihm besonders gut wirken, und oftmals ist es gut, vor einer Entscheidung noch eine Nacht zu schlafen, damit die Energien sich beruhigen können und das Unterbewusstsein noch einmal ungefiltert zu uns sprechen kann.

Unsere Wahrnehmung kann also, gerade am Anfang, unzutreffend sein und dies ist auch nicht weiter tragisch. Auch der Zweifel wird benötigt. Er hat seinen Wert. Durch den Zweifel schärfen wir nämlich das Denken. Wir kommen zu einer tieferen und präziseren Wahrnehmung. Zweifel bewahrt auch vor blindem Fanatismus. Er lässt, richtig angewandt, unser Denken umfassender werden. Die Antithese, die der Zweifel mit sich bringt, findet oftmals in der Synthese ihre Vollendung. Oder sie sucht und findet eine umfassendere Ausdrucksform. Viele moderne Erfindungen entstanden aufgrund von Zweifeln. Wichtig ist nur, dass wir am Zweifel nicht verzweifeln, sondern hinter dem Zweifel die Einheit suchen.

Je reiner wir selbst werden, je ehrlicher, unfanatischer, objektiver und »wahr-haftiger«, umso reiner, klarer und unzweifelhafter wird auch unsere Wahrnehmung werden. Je »WAHR-haftiger« wir werden, umso mehr Wahrheit bleibt an uns »haften«. Wenn wir ganz in die Gegenwart GOTTES gegangen sind, dann haben wir gelernt, an der Garderobe des Tempelvorhofes unseren Oberflächenverstand und auch unsere Vorstellungen abzugeben, und sind reine Wahrnehmung geworden.

Wenn wir allerdings beim Beten denken: »Sag, dass ich dies und jenes tun soll«, wird sich vielleicht meine Vorstellung durch das Gebet scheinbar bestätigen, aber wir haben nicht wahrhaft gebetet, wir haben das »Dein Wille geschehe« nicht in alle Winkel unserer Seele eingebracht und dann geschieht auch »mein Wille« nicht, denn in Wahrheit sind immer beide Willen identisch.

Beten und Meditieren zu lernen ist also ein Weg, im Laufe der Zeit den eigenen Willen und den Schöpferwillen miteinander zu verbinden. Sinnvoll auf diesem Weg ist es, ein Tagebuch über die eigenen Erfahrungen im Gebet und in der Meditation zu führen. So kann der Wahrheitsgehalt der »inneren Antworten« im Laufe der Zeit überprüft, modifiziert, korrigiert und verstanden werden.

Zu Anfang unserer Gebetspraxis kann es gut sein, in der Versenkung einfach erst einmal die Dinge, die uns bewegen, darzubieten, ohne eine Lösung zu erwarten. Selbst wenn wir keine »innere Antwort« erhalten haben, können wir oft erleben, wie Klärungen und positive Veränderungen in der Außenwelt sich nach unserem selbstlosen Darbieten offenbaren.

Wenn wir wirklich im Gebet oder in der Meditation ganz »wir selbst« sind, eines mit dem EINEN, ohne Verfälschungen, dann ist unsere »innere Wahrnehmung« keine Einbildung, sie ist eine innere REALITÄT, die oftmals auch nach draußen getragen werden möchte.

Wenn wir uns im Bewusstsein halten, dass der »Lehrer Leben« im Außen permanent zu uns spricht, und wenn wir nicht mit einem Fanatismus oder mit dem Kopf durch die Wand die Außenwelt vergewaltigen, nur weil wir eine ganz bestimmte »innere Antwort« erhalten haben, zeigt sich der Kontakt mit der Außenwelt nach einem Gebet oder einer geführten Meditation idealerweise als Liebesakt mit der Schöpfung.

Am besten erkennt man die »innere Wahrnehmung« als einen guten Freund und Begleiter. Autorität und Maßstab bekommt dieser Freund durch jahrelangen Umgang. So wird der erlernbare Umgang mit der »inneren Wahrnehmung« eine gewaltige Hilfe, weil er uns über die Begrenztheit in der Logik erhebt, unseren Fokus erweitert.

Natürlich ist das Imago vom Gott im »Tempel des eigenen Herzens« nur EIN Bild, wenn auch ein brauchbares, für andere schrei-

tet Gott an der Seite, wohnt im Scheitelchakra, schwingt als Ur-
licht, jeder mag das Imago wählen, das IHM entspricht.

Durch »gelebtes Leben« findet jeder – und das ist unsere Überzeugung – heraus, dass Gott ständig in der Gegenwart ist, ob wir
ihn bewusst erreichen oder auch nicht. In dem Zusammenhang
ist natürlich auch selbst der Wunsch, ein »gottgefälliges Leben«
führen zu wollen, irgendwann auf dem Weg ein vielleicht letztes
Hindernis – treten wir zur Seite, könnten wir möglicherweise erkennen, wie ER durch uns wirkt, ständig!

Bekommen wir eine indirekte Antwort, die eigentlich nichts
mit unserem eigentlichen Problem zu tun hat, z.B. »Ich bin der
Weg, das Leben und die Liebe«, dann ist dies eigentlich ein gutes
Zeichen. So eine Antwort zeigt, dass wir nicht auf der Ebene des
erwartungsbehafteten Verstandes nachgefragt haben, sondern aus
dem »Tempel unseres Innersten« einen Wegweiser, einen Kompass mitbekommen haben in Gestalt einer höheren Gedankenform,
die auf einer höheren Ebene schwingt als die Problemebene. Allerdings müssen wir dann oftmals lernen, wie wir so einen Gedanken
in unsere Alltagswelt hineinbringen, damit er keine bloße Theorie
bleibt. Doch so eine Wahrnehmung könnte mit Sicherheit ein Segen sein.


## Ich bin der Weg, das Leben und die Liebe

Durch ein Leben mit solch einer Gedankenform wird nicht nur das
Problem langfristig »eingelöst«, sondern auch das Bewusstsein
dauerhaft erhoben. Allerdings muss so eine Gedankenform auch
auf die Erde gebracht werden, z.B. indem man sich vergegenwär-
tigt: »Aha, ich bin der Weg. Das bedeutet, ich muss einen ersten
Schritt tun. Und es kommt nicht auf das Ergebnis an. Ich muss mir

anschauen, wohin dieser Weg führen könnte, und ihn Schritt für Schritt gehen. Das Leben ist mein Begleiter, es ist mein Verbündeter. Wer kommt in diesen Tagen (›zufällig‹) in mein Leben und was hat dieser »Zufall« mit meinem Weg zu tun? Inwieweit ist mein Problem ein Helfer auf dem Weg und wie könnte mein eigentlicher Weg aussehen? Wo kann ich durch die Liebe diesen Weg nivellieren, unnötige Stolpersteinchen aus dem Wege räumen?«, und so weiter.

Wenn wir uns so eine hoch schwingende Wahrheit zu unserem sinnerfüllenden Begleiter und Freund machen, dann ordnet sich unser Leben. »Ich bin der Weg«, das kann bedeuten, ER in mir ist der Weg, ich bin auf dem richtigen Weg, ob ich es weiß oder nicht. Alles, was mir widerfahren ist und was ich getan habe, hat mich zu diesem Erfahrungs- und Erlebnisschatz gebracht, mit dem ich heute HIER stehe.

Suchen kann ich dort, wo ich finden kann, zum Beispiel im Gebet und in der Meditation. Finde ich durch positive Umsetzung des Inneren zum Äußeren das »wahre Leben«, werde ich vom Sucher zum Finder. Das Leben bietet uns die Fülle, wenn wir das Leben bedienen, dann bedient es uns.

Gut wäre es allerdings, dafür zu sorgen, dass wir uns selbst nicht zum Hindernis werden. Dies bedeutet auch zum Beispiel unser »Bockigsein« und unser »Nicht-mehr-mitspielen-Wollen« loszulassen, denn als WEG lernen wir mit den staubigen Gassen ebenso zu hantieren wie mit den Prachtalleen.

Das Leben selbst ist ständig für uns da und bereit, uns immer wieder mit völlig neuen Augen zu sehen, und hat mit unserer Vergangenheit nichts zu tun, jene betrifft nur den Verstand. Es urteilt nicht über unsere staubigen Füße, wenn wir auf samtrotem Teppich wandeln. Sind wir bereit, ständig über unseren Schatten zu springen in SEINER Gegenwart?

Wenn wir auf dem Weg in SEINER Gegenwart wandeln, wenn ER durch uns wirkt, dann ist dort auch Raum für Wahrheit, dann sind wir Fleisch gewordene Liebe.

## Göttliche Impulse

In unserem Gebet oder kurz darauf bekommen wir meistens einen Impuls. Oftmals ist es gut, diesem Impuls zu folgen, weil er meist aus einer höheren Ebene stammt, in der wir beim Beten gewesen sind, und diesen Impuls können wir dann in die Zeit tragen. So bringen wir Gott hinunter auf die Erde.

Wenn wir beispielsweise einen Impuls bekommen, etwas zu tun, unseren Beruf zu ändern oder unser Bewusstsein bezüglich dieser oder jener Person oder Situation in ein umfassenderes Verstehen zu bringen, dann sollten wir dies in der Regel tun. Wenn wir dem Impuls folgen, nehmen wir die Erfüllung an. Wenn wir dem Impuls nicht folgen, ist die Auswirkung des Gebetes auf die geistige Einflussebene beschränkt, eine zusätzliche Chance wäre dann ungenutzt geblieben. Durch das Dem-Impuls-Folgen walzen wir diesen höheren Impuls auf der Erde aus.

Es gibt allerdings eine Ausnahme: Manchmal, gerade, wenn wir noch nicht sehr erfahren im Beten sind, fallen wir auf Impulse herein, die sich der Verstand während oder nach dem Gebet zurechtdenkt. Derartige Impulse stammen gar nicht aus der höchsten Sphäre, sondern hatten sich nur zwischengelagert und wir haben sie abgefischt.

Mit der zunehmenden Erfahrung im Beten lernen wir zwischen »Gedankenparasiten« und »wahren reinen Gedanken« zu unterscheiden. Die »wahren göttlichen Impulse« fühlen sich anders an, beständiger, dauerhafter, reiner. Göttliche Gedanken sind sanfter als solche, die aus Zweckdenken entstammen. Um dieses zu erleben, müssen wir uns darin trainieren, Gedanken zu »fühlen«. »Mit dem Kopf fühlen, mit dem Herzen denken«, lautet hier die Devise, ja, wir können tatsächlich Gedankenformen fühlen, wenn wir bereit sind, dieses zu üben. »Falsche Impulse« können auch sehr viel Ladung tragen, doch ihre Vibration ist oft hektischer, unsicherer, wie ein Läufer, der zwar startet, von dem wir aber ahnen, dass er das Ziel nicht erreicht oder gar nicht findet. Wenn du nicht weißt, ob ein Gedanke oder eine Absicht stimmig ist, stelle ihn dir doch einmal als einen Läufer vor und frage diesen Läufer in einer Art geistigem Zwiegespräch, was er dir zu sagen hat, wohin er des Weges ist und aus welcher wahren Motivation heraus er unterwegs ist. Zum Gebet kommt also hier auch die Wahrnehmung, die genaue Beobachtung der Impulse. Hier begegnen sich Gebet und Meditation, Engagement und reines »Zeuge-Sein«.

## Über das Ernten

Wir betonen Ge-**bet** eigentlich anders als **Ge**-bet. Im **Ge**-bet »gibt« der innere Gott in Wahrheit durch uns zu uns und dann weiter in die Außenwelt. Es heißt: »Suchet, so werdet ihr finden, klopfet an und euch wird aufgetan« – in diesem Sinne ist jedes Gebet ein Finden, eine Öffnung von Toren, die ohne Gebet verschlossen scheinen, und damit auch Saat und Ernte zugleich.

Gibt es eine Ernte ohne Saat? Es heißt in dem Gleichnis über die Vögel »Der Himmlische Vater ernährt sie dennoch« und gleichzeitig sagt Jesus: »Wie ihr sät, werdet ihr ernten«, es ist offenbar beides zutreffend. Offenbar gibt es die Möglichkeit, den Zusammenhang von Saat und Ernte im Bewusstsein zu behalten, aber auch jene, sich davon frei zu machen. Es ist schön, sich als Sämann zu erkennen, auch wenn dies nicht sein muss.

Richtig ist, dass wir ein Vielfaches von dem ernten, was wir gesät haben, aber ich denke, wir sollten uns nicht wie König Midas verhalten, der sich wünschte, dass alles, was er berührt, zu Gold werde. Gut wäre, es in Selbstlosigkeit zu säen und in Dankbarkeit zu empfangen, was ER GIBT. Geben wir der Welt von Gott, gibt Gott durch die Welt an uns.

## Sich dem Einen öffnen

Ein Weiser hat einmal gesagt: »Der Segen des Allerhöchsten stürmt ständig wie ein Sturzbach auf alle hernieder, aber die meisten halten das Gefäß ihres Bewusstseins verschlossen und so läuft alles außen und damit vergeblich ab.«

Erst wenn wir unser Bewusstsein öffnen, was natürlich bedeutet, Gottes Kraft durch uns zu erlauben, können wir Anteil haben an der EINEN Kraft (statt der bis dato vom Einen abgespaltenen Kraft). Wir können von dieser unendlichen Flut nur so viel auffangen, wie unser Gefäß es zulässt, wie es die Weite unseres Bewusstseins ermöglicht. Also ist es sinnvoll, unser Bewusstsein erweitert werden zu lassen, damit ein »immer größerer« Teil der einen Kraft durch uns fließen kann.

Dies ist in erster Linie qualitativ zu verstehen, nicht quantitativ, denn wir erfahren Gott nicht als Schauplatz von »Arnold-Schwarzenegger-Auras« und nicht im Rahmen eines spirituellen Kräftemessens. Ein erweitertes Bewusstsein zeigt sich eher in einem immer integrativeren Umgang mit den Menschen, der Zeit, den Umständen und vor allem in einer Bewusstseinsverfeinerung. Würde man »Größe« falsch verstehen, würde man durch seinen Herkuleswahn zum Atlas degenerieren, der in seiner Energiefülle meint, die Welt auf seinem Rücken tragen zu müssen. Vielleicht möchten wir eher von der Homöopathie lernen: Je feiner, je bescheidender, dezenter wir auftreten, umso kraftvoller kann die Wirkung des EINEN sich durch uns entfalten!

## Gebet – Tagesrückschau

- War ich heute bereit zu lernen und mich zu wandeln? (Wahres Beten heißt auch sich ändern.)
- In welchem Punkt konnte ich eine neue Einstellung gewinnen?
- Welchen Schlüssel konnte ich heute in mir finden?
- Was war das große Geschenk des Tages an mich?
- Welche Ideen, Handlungsimpulse, Herausforderungen, Erkenntnisse ergeben sich für meine Zukunft JETZT?

# V. SEINE Gegenwart in der Praxis

## Über das Verzeihen

Eine häufige Blockade für Erfüllung ist das Nicht-vergeben-Können. Deswegen wäre es gut, sich zu fragen: »Gibt es einen Menschen, dem wir irgendetwas nicht verzeihen können, und sei es uns selbst?«

Wenn wir eins werden wollen mit Gott, sollten wir ehrlich prüfen, ob es einen solchen Menschen gibt. Wir sollten ihm vergeben, ihn entlassen aus dem Schuldparadigma, der Idee, irgendjemand sei schuld an irgendetwas. Oftmals braucht es dafür ein erweitertes Verstehen von uns selbst oder dem anderen, doch darum könnten wir uns bemühen.

Im »Vater unser« beten wir: »... und vergib uns unsere Schuld, wie auch wir vergeben unseren Schuldigern.« In dem Maße, wie wir vergeben, d.h. das Verhalten anderer mit etwas Umfassenderem in Verbindung bringen, das »So-Sein« des anderen »an-ER-kennen« und den Gott im anderen, in dem Maße kann uns vergeben werden, kommen wir selbst zur Einsicht und auf diesem Wege in die Einheit.

Alles, was wir einem anderen antun, geschieht uns, da wir alle EINS sind. Die Inder sagen »Tat Wam Asi« (Was du siehst, das bist du selber), die Mayas »In Lakeesh« (Ich bin ein anderes Du).

Wenn ich also mit einem einzigen Teil der Schöpfung in Disharmonie lebe, wenn ich einen einzigen Menschen nicht lieben kann, wie er ist, trenne ich mich in dem Punkt von der Wahrheit hinter dem Schein. Das ist nicht schlimm. Nobody is perfect, doch ist es gut, diesen Mangel zu heilen, indem ich das wahre, nicht durch Vorstellungen behaftete Selbst in mir und dem anderen erkenne, gegebenenfalls freischaufle.

Nur in dem Maße, in dem ich vergebe, kann mir vergeben werden, nur in dem Maße, wie ich bereit und in der Lage bin, das WAHRE SELBST hinter der Fassade des anderen zu sehen, kann ich meinem eigenen wahren Selbst erlauben, durch mich zu wirken. Es wirkt immer beidseitig.

Alles, was wir anderen tun, geschieht uns, da alle Gedankenformen, die wir anderen senden, zuerst unser Gehirn passieren. Und doch sollten wir uns nicht überkontrollieren, sonst degradieren wir zum Mental-Roboter. Richtiger wäre es, nicht im Innersten zu urteilen über das, was wir sind und was der andere ist. Alles ist auf SEINEM Weg.

Gut ist es, in die Tiefe zu gehen und so praktisch zu vergeben, indem wir die Disharmonieströme zwischen uns und den äußeren Personen, Umständen und unserem innersten Selbst heilen und ausrichten auf das, was IST. Es könnte ein Weg sein, zu einem »wahren Liebenden« zu werden.

In dem Moment, wo wir praktisch vergeben, ist es, als ob eine Last von uns genommen wird. Wir gehen leichter, freier und vor allem furchtloser durchs Leben. Eigentlich könnten wir es uns gar nicht leisten, jemandem nicht zu vergeben, weil dies uns jedes Mal von uns selber trennen würde.

Auf unserem Lebensweg kann es sein, dass immer wieder ein »Ur-Teilchen« dahergeflogen kommt, sich in unser Bewusstsein drängt, sich aufbläht, um dann im Rahmen der Vergebung bzw. Wahrnehmung losgelassen zu werden. Auch darüber sollten wir nicht urteilen, sondern auch diesen Prozess der »Heimholung« geschehen lassen, statt in Perfektion zu erstarren. Vielleicht hat Jesus deshalb gesagt, wir sollten »sieben Mal siebenundsiebzig Mal« vergeben, also ständig.

Dort, wo es bereits möglich ist, statt zu urteilen gleich in die Wahrnehmung zu gehen, haben wir unsere Gespaltenheit bereits erlöst und sind ohne Scheinheiligkeit in der Lage, die Wahrheit hinter dem Schein zu sehen, zu fühlen und zu erleben. Da die Einheit auch gefühlsmäßig und unverfälscht empfunden werden muss, damit sie »echt« ist, sollten wir bei aller Sehnsucht nach einem Leben ohne Urteile unsere Natürlichkeit nicht vergessen. Da, wo wir ein Urteil haben, da haben wir eines und sogar ein Recht darauf, es zu haben. So manch ein Urteilchen muss sich vielleicht erst aufblähen, bis wir die Störung entwurzeln und die Sache in ein größeres Verstehen eingliedern können. Einen Eiterherd drückt man nicht immer gleich am ersten Tage aus, doch ist es wichtig, sich zumindest seiner Urteilchen bewusst zu sein – »Aha, da habe ich ein Urteil« – prima, das Leben wird für die (Ein-)Lösung schon sorgen.

Urteilchen zu erlösen bedeutet somit auch, ständig bereit zu sein, den anderen und sich selbst zu verstehen, statt mit der Bratpfanne zu drohen, wenn der andere von seinem Urteilen nicht ablässt, einen höheren Sinn auch in den scheinbaren Unvollkommenheiten zu erkennen. Wir glauben, erst wenn wir unsere Unvollkommenheit wirklich umarmen können, sind wir möglicherweise reif für die Vollkommenheit – in jedem einzelnen Punkt.

Eine hervorragende Hilfe, um das Verzeihen praktisch zu üben, bietet Turiya von Hannover mit ihrer Meditations-CD »Mir und anderen verzeihen – eine geführte Meditation zur Selbstheilung«, erschienen bei Edition Innenwelt, Köln *(www.innenwelt-verlag.de)* oder die nachfolgende Verzeihensmeditation, die Sie sich selbst auf Band sprechen und immer wieder anhören können.


**Verzeihen – Geführte Meditation:**


Ich schließe meine Augen und sinke in die Mitte meines wahren Wesens. Ich lasse das Außen los und sinke nach innen. Ich gestatte meinem Körper, bewegungslos zu sein, und beobachte meinen Atem. Ich sinke tiefer und tiefer in das Licht meines wahren Wesens. Ich lasse tiefer und tiefer los und sinke in das Licht in mir. Im Zentrum des Lichtes in mir, erlebe ich wieder den Tempel meines Herzens und die göttliche Gegenwart darin. Ich stehe vor Gott, ich schwinge eins mit ihm. In diesem Bewusstsein, eins mit allem, was ist, schaue ich, ob ich einem Menschen, einem Umstand, meinem Ausdruck in irgendeinem Punkt nicht vergeben habe. Bilder können auftauchen, Empfindungen, Gefühle, Worte und ich sinke noch tiefer in die Harmonie meines wahren Wesens, des Wesens Gottes in mir. Ich vergebe jetzt, indem ich die scheinbare Vibration der Unvollkommenheit loslasse und das Licht meines wahren Wesens, das Licht Gottes in mir, auch auf diesen Umstand scheinen lasse. Ich vergebe jetzt diesem Menschen, diesem Umstand, diesem Muster, diesem Glaubenssatz. Das Licht meines wahren Wesens aus der Tiefe meines Herzens durchstrahlt all dies. Sollte ich mehreren Menschen zu vergeben haben, mehreren Umständen, Bereichen, Glaubenssätzen, kann ich das jetzt tun. Im Angesicht Gottes, im Einklang mit Gott schwingend, vergebe ich jedem Einzelnen. Und wenn ich dem Letzten vergeben habe, danke ich der Gegenwart Gottes in mir für seine Liebe, löse mich behutsam aus dem Erlebnis, spüre dankbar die Harmonie, die mich durchstrahlt und umgibt, und kehre wieder zurück an die Oberfläche des Seins, zurück ins Hier und Jetzt. Wann immer ich bereit bin, öffne ich meine Augen und bin wieder ganz im Hier und Jetzt, durchstrahlt von Seiner Liebe.

**Soll man Gott etwas opfern und wenn ja, was?**

Zu allen Zeiten, in allen Kulturen opferten die Menschen an Gott etwas, das ihnen wertvoll war. Sie übergaben es Gott. In manchen

Kulturen waren es Tieropfer als Symbol für die Opferung des Animalischen in uns, in anderen Kulturen waren es Früchte und Getreide als Anerkennung, dass ER es ist, der die Früchte hervorbringt. In manchen Kulturen waren es sogar Menschen, die geopfert wurden. In Aztekenkulturen wurde Menschenopfern in einem Ritual das lebende Herz herausgerissen und der Gottheit geopfert, daher kommt der Ausspruch »Sich das Herz aus dem Leibe reißen für etwas«. Doch kann es dem EINEN Gott wirklich Freude machen, wenn man ihm zuliebe seine Geschöpfe umbringt?

Die Idee, Menschen oder Tiere zu opfern, entspricht einer Legende, nach der Halbgötter die Astralenergien der Getöteten brauchen, um mit der physischen Ebene in Kontakt zu kommen, wofür sie sich dann dankbar zeigten, indem sie »Wunder« vollbrachten.

Die Opferrituale von Naturvölkern in Afrika und Südamerika sind also kein bloßer Aberglaube, sie funktionieren auf ihre eigene Weise, aber wer den EINEN sucht und erfahren hat, benötigt diese Rituale nicht. ER kann direkt aus der Quelle schöpfen, ohne diesen »wilden Zauber« zu brauchen, denn jener lebt nur auf einer Zwischenebene, wo der Mensch noch nicht bereit für das Wissen um den INNEREN GOTT ist.

Auch gilt es zu vergegenwärtigen, dass Astralenergien und Halbgötter nicht »böse« sind, sie sind Ausdruck der EINEN Kraft, wie wir es sind, und dort, wo wir Angst durch Liebe im Sinne von Akzeptanz, Toleranz, Resonanzfreiheit ersetzen, erübrigt sich ein Urteil.

Das Tibetanische Totenbuch spricht in dem Zusammenhang von den »eifersüchtigen Göttern«, die einem auf der Reise von »dieser« in »jene« Welt begegnen, und auch zugleich davon, dass es nicht notwendig ist, ihnen etwas zu opfern, dass derjenige, der sich »dem klaren Licht und dem reinen Ton« zuwende, frei von einer derartigen Resonanz sei.

Kommen wir zurück zu der Idee des Opferns und vor allem zu der Vorstellung, sich für Gott aufopfern zu müssen: Es gibt einen Unterschied zwischen dem »göttlichen Opfer« und »seinen Körper wegwerfen«. Dies haben nicht nur Naturvölker und Hochkulturen der Vergangenheit missverstanden, sondern auch moderne Religionen.

Nicht wir müssen die Körper an einen Geist-Gott opfern, sondern Gott in uns opfert sich täglich, indem er ins Fleisch geht (»inkarniert«) und dort durch uns aus sich heraus wirkt und eben jenes ist das »göttliche Opfer« – unser ganzes Leben ist, wenn es richtig gelebt wird, ob wir uns dessen bewusst sind oder nicht, ein »göttliches Opfer«, so wie eine Kerze sich im Brennen verzehrt. Wenn wir in diesem Bewusstsein sind, ist es egal, ob wir in der Disco, beim Beischlaf oder in der Kirche sind, können wir alles, was wir erleben, all unser Denken, Fühlen, Sehen, Hören, Riechen, Schmecken Gott zum Geschenk machen, bejahen, dass Gott durch uns sieht, hört, schmeckt, riecht, fühlt usw.

In der christlichen Mystik kennen wir das »Lamm Gottes«. Es wäre allerdings ein Fehler, jenes als Opferlamm im Sinne einer Schlachtbank zu verstehen. »Lamm Gottes« ist der Frieden des Lammes, hineingetragen in alle Ebenen, wie Jesus sagt, ein »Als Lamm-unter-die-Wölfe-Gehen«. Das »Lamm Gottes« ist nicht ein eifriger Dogmatiker, sondern jemand, der durch sein Sein, durch sein Teilnehmen, »wie er ist«, die Welt segnet.

Ein »Lamm Gottes« muss auch nicht immer »brav« sein. Gott liebt dich, wie du bist, für IHN gibt es kein »Falsch-Sein«. Wenn du alle Erfahrungen Gott weihst, im Nachhinein IHM opferst, kannst du ruhig bleiben, »wie du bist«, allein durch deine Aufrichtigkeit und dein wahres Bemühen, deine Authentizität zu finden und auszudrücken, wirkst du zum Segen von dir und der Welt.

Leben selbst ist das größte Opfer und das größte Geschenk. Angesichts dessen gibt es kein Hoch und es gibt kein Niedrig, nur ein Erforschen für die Quelle durch sich selbst, ein Gewinnen an ureigener Weisheit, aus der du für die Quelle lernst und reifst. Alleine dein bewusstes Teilnehmen am Lebensstrom IST bereits das Opfer, du BIST bereits das Lamm, du BIST bereits die eingeborene Unschuld!

Wer ehrlichen Herzens sich selbst, alles, was er IST, dem Einen weihen und opfern kann, stets sich selbst verzeihen kann, der hat, so sagen die Weisen, das Passepartout für ein erfülltes Leben und für alle Himmelstüren zur Hand. ER kann wirklich in der Hölle tanzen und ist gleichzeitig im Himmel, ER ist wirklich »jenseits von Gut und Böse« und quicklebendig dabei. Rumi sagte einmal in dem Zusammenhang: »Jenseits von Gut und Böse – da sehen wir uns wieder!«

»Sich dem Einen opfern« bedingt somit auch nicht, wie viele meinen, eine gewisse Passivität (»Kann heute nicht arbeiten, muss wieder am Kreuz hängen«). Manchmal ist es sogar genau jene Passivität und Gleichgültigkeit, die wir opfern müssen, um wieder mit dem Lebensstrom und seiner Pulsation schwingen zu können. Vielleicht sind da Glaubenssätze wie »Gott ist passiv« oder »Je passiver ich werde, desto näher rücke ich der Vollkommenheit«. Doch »sich dem Einen opfern« kann auch eine sehr aktive Komponente haben, eine andauernde Hinwendung von allem, was ist, zur EINEN Kraft, ein ständiges »Die-Wahrheit-hinter-dem-Schein Erkennen«, prospektiv, retrospektiv und am besten, wenn und wo es schon möglich ist, JETZT.

Wenn wir ein Gefühl dafür entwickeln, was es heißt »in SEINER Gegenwart« zu leben, spüren wir täglich eigentlich immer deutlicher, was zu opfern und was beizubehalten oder gar zu kultivieren ist. Opfern und kultivieren gehören oftmals zusammen. Denn wenn ein Same sich nicht opfert, kann daraus kein Baum werden, und wenn wir die aufkeimende Pflanze nicht kultivieren, gießen, verkümmert sie schon im Ansatz.

Opfern wir uns in das Leben hinein, wird der Lebensstrom Gott, die Liebe selber, unser Partner, und das Du wird so zu einer Möglichkeit, eben jenes (aus)zuüben in SEINER Gegenwart. Natürlich gibt es auch jenes »Refugium der Stille«, das unsere »innere Pflanze« braucht, um zu wachsen. Leben ist Ruhe und Bewegung, Rückzug und Lebendigkeit.

Sinnvoll könnte es sein, auch unsere Glaubenssätze und Irrtümer zu opfern, all das, was uns an der Wahrnehmung hindert, und diese Opferung im Leben praktisch und selbstbefreiend umzusetzen. Oft können wir erleben, dass wir durch das Opfern unserer Irrtümer von Gott, von der EINHEIT reich beschenkt werden. Je mehr wir von unseren Irrtümern loslassen, von der Unwissenheit, von der Trennung, desto mehr kann sich Gott durch uns verwirklichen.

»Gott« mag für uns hier erst einmal einen Arbeitsbegriff für das Höchste darstellen, bis er zur lebendigen Erfahrung geworden ist. Die Opferung unserer Irrtümer an Gott ist nicht unbedingt gleichbedeutend mit einem opfervollen Klosterleben, einem Rückzug an einen Ort, wo wir »nichts falsch machen« können. Es kann sogar umgekehrt sein, dass wir durch eine Opferung unserer Irrtümer sogar beginnen, sinnlicher und sinnenvoller zu leben.

**Beispiel eines Klienten 1:**

»Aus Angst vor dem Leben habe ich mich stets von allen ›disharmonischen Schwingungen‹ entfernt und nur noch den ganzen Tag in meinem Kämmerlein gebetet, verächtlich auf meine Arbeitskollegen geschaut, wenn sie während der Arbeit eine Flasche Bier getrunken oder über ›Weiber‹ bzw. ›Kerle‹ gesprochen haben. Dann gehe ich in seine Gegenwart, in die innere Wahrnehmung, auf dass das Richtige geschehen möge, damit ich auf meinem Wege weiterkomme, ich bete und meditiere und bitte um einen Impuls. Eine Minute später ruft ein Arbeitskollege an und fragt, ob ich heute Abend mit ihm in die Disko gehe.

Wenn das Leben wirklich Gott ist, kann es sein, dass ER mir über den Arbeitskollegen einen Hinweis gibt, ich könnte mehr hinausgehen und an der Vitalität des Nachtlebens teilnehmen. Also es kann sein, dass in dieser Sekunde die Lektion des Lebens eben genau dieses ist, das Urteil, das ich über Diskotheken habe (›verraucht‹, ›versüfft‹, ›schlechte Musik‹) und meine Glaubenssätze (›Diskotheken machen mich fertig!‹ – So ein Quatsch, Diskotheken machen überhaupt nichts, die stehen einfach nur da!) loszulassen und mir zu sagen: ›Jetzt bin ich aber gespannt, wie ich die Einheit in dieser verrauchten Diskothek erleben werde.‹«

Natürlich sind dies Lernerfahrungen, die oftmals eine gewisse Einstimmung brauchen, aber wir erkennen, dass Opferung oftmals etwas ganz anderes betreffen kann, als wir meinen.

## Beispiel eines Klienten - 2:

»Ich bete, dass ich der Liebe näher kommen möge. Am Abend des gleichen Tages führt mir meine Frau ihr neues Negligé vor. Ich denke: ›Sexualität hat mit Gott nun wirklich nichts zu tun, das ist reine Fleischeslust, ich gehe lieber wieder beten‹, beschimpfe meine Frau oder halte ihr einen Riesenvortrag, dass man für das Geld lieber einen Sack Reis für hungernde Kinder in Indien hätte kaufen sollen, und schlafe heute Nacht in meinem Arbeitszimmer.

Richtiges Verhalten: Ich bedanke mich bei dem ›Gott in ihr‹, dass er sich Mühe gibt, für mich attraktiv zu erscheinen, und in tiefer Verbeugung vor dem Gott in mir und dem anderen sage ich mir: ›Jetzt bin ich aber gespannt, wie der Gott in mir Fleischeslust in die Einheit bringt‹, und lasse mich von dem Gott in mir zur Welle der

Ekstase tragen. Ich lasse also mein Dogma und mein Urteil ›Wir alle sind durch Sünde (Fleischeslust) auf die Welt gekommen‹ los und nehme teil an der Ekstase des Lebens – jetzt.«

Nicht jeder muss jedoch in die Disko gehen oder Negligés bewundern, um Gott näher zu kommen. Maßgebend ist immer die eigene Spürigkeit, das, was für einen »stimmt«.


**Arbeiten in der Gegenwart Gottes:**

Ein kluger Mann hat einmal gesagt: »Arbeit ist nur wirklich Arbeit, wenn sie gleichzeitig Gebet ist und Meditation.«
Khalil Gibran schreibt in »Der Prophet«:

*»Ihr arbeitet,*
*um mit der Seele der Erde Schritt zu halten.*
*Denn müßig sein*
*heißt, den Jahreszeiten fremd zu werden*
*und auszuscheren aus dem Lauf des Lebens,*
*das in Würde und stolzer Ergebung*
*der Unendlichkeit entgegenschreitet.*

*Wenn ihr arbeitet,*
*seid ihr die Flöte, durch deren Herz*
*sich das Flüstern der Stunden in Musik verwandelt.*
*Wer von euch wäre gern ein Rohr, stumm und still,*
*wenn alles andere in Einklang singt.*

*Wenn ihr arbeitet, erfüllt ihr einen Teil*
*des umfassendsten Traumes der Erde,*

*der euch bei der Geburt dieses Traums
zuteil geworden ist.
Aber wenn ihr in eurem Schmerz die Geburt ein Leid nennt
und die Erhaltung des Fleisches einen Fluch,
der euch auf der Stirn geschrieben steht,
dann erwidere ich,
dass nur der Schweiß auf eurer Stirn das wegwaschen wird,
was geschrieben steht.*

*Wenn ihr mit Liebe arbeitet,
bindet ihr euch an euch selber
und aneinander und an Gott, denn
Arbeit ist sichtbar gemachte Liebe.«*

(Khalil Gibran, Der Prophet, © Patmos Verlag GmbH & CoKG, Düsseldorf)

Arbeit ist sichtbar gemachte Liebe, wenn wir uns in der Arbeit mit dem Höchsten, Gott im Außen, und mit unserem Zentrum, Gott in uns selbst, verbinden. Durch den grundsätzlichen Irrtum, die Arbeit sei zum Geldverdienen, wird sie entwürdigt und entheiligt. Geld ist im Idealfall eine sichtbare Wertschätzung der Gesellschaft für »sichtbar gemachte Liebe«, für unser »Weben am Webstuhl Gottes«.

Gut, es gibt Menschen, die erhalten ungerechtfertigterweise Geld, obwohl sie nichts beitragen, und es gibt solche, die arbeiten, und niemand nennt es Arbeit, weil sie kein Geld dafür bekommen. Die gesellschaftliche Bewertung ist somit nicht immer ein Maßstab für den wahren Wert der Arbeit. So manche Genies ihrer Zeit werden verkannt und so mancher Prahlhans bekommt ungerechtfertigte Wertschätzung. Wir wollen nicht anzweifeln, dass mit Geld oft sinnentstellt umgegangen wird, dass es gebunkert wird, statt durch uns zu fließen usw., doch eigentlich ist es als Anerkennung für unseren Beitrag an der Gesellschaft gedacht.

Arbeit, ob wir jetzt Geld dafür bekommen oder nicht, ist eigentlich Dienst am Selbst, an Gott, an dir und mir, das Überwinden des Müßigen durch das Gehaltvolle, die Weihe unserer Hände an IHN.

Menschenwürdige, ja, den Menschen adelnde Arbeit beginnt da, wo sie als göttliche Aufgabe erfasst wird, als etwas, das von dem Gott, mit dem wir schwingen, »gegeben« wird, auf dass wir sie umsetzen, sie als Ausdruck der EINEN KRAFT erfassen, erfahren und leisten.

Arbeit könne uns erkennen lassen, dass wir EINS sind mit der EINEN Kraft, dass Gott durch uns wirkt, dass Schöpfung DURCH UNS geschieht (»Gott hat auf dieser Ebene keine anderen Hände als die deinen«). Arbeiten in der Gegenwart Gottes findet statt, wo durch Arbeit in erster Linie nicht ver-dient, sondern dem Gott im Innen und Außen ge-dient wird.

Dadurch bekommt Arbeit einen inneren Gehalt (statt dass wir dauernd nur auf das äußere Monatsgehalt warten), findet die Wahrheit eine äußere Form. In diesem Ausdruck sind wir auch bei der Arbeit eins mit diesem unversiegbaren Kraftquell, der EINEN Kraft, die wir Gott nennen im Sinne eines »ora et labora«.

Arbeit kann uns somit unabhängig vom finanziellen »Gehalt« Glück und Zufriedenheit erleben lassen, Lebensfreude und Gesundheit. Vitalität kommt für viele nicht vom Ausruhen, sondern vom Teilnehmen an dieser großen Pulsation des Lebens- und Arbeitsstromes. Arbeiten in dem Sinne ist die Weihe unserer Aktivität, Sinnerfüllung statt Langeweile und Suchtabhängigkeiten. Ein derartiges Verständnis von Arbeit gäbe ihr nicht nur Sinn, es würde IHN durch unsere gottgeweihte Arbeit auch ausdrücken. Dies kann Freude und Erfüllung von Sehnsüchten bedeuten, vielleicht so, wie es ein Autofahrer genießt, seine Motoren schnurren zu hören, oder wie es im Spinnstubenmotiv des »Fliegenden Holländers« heißt: »Summ' und brumm', du gutes Rädchen«? Mit Sicherheit, ja!

Glück und Freude zu erleben, dazu sollte Arbeit eigentlich da sein. Damit wir dies können, wäre es natürlich auch gut, sich frei zu machen von allem äußeren Druck und Sog, der uns einsuggeriert, wir »müssen« arbeiten, um zu überleben – dies ist pure Illusion. Wir »müssen« überhaupt nichts (»Der Vater im Himmel ernähret sie alle«) und auch jede andere Lebensform, auch die des Buschnegers in Afrika hat seine Sinnhaftigkeit.

Wer arbeitet, ist nicht edler als jemand, der das nicht tut, und es gibt auch beim Arbeiten keine Fleißkärtchen zu gewinnen. Doch wenn wir uns für das Arbeiten entscheiden, dann hilft es uns möglicherweise, wenn wir uns das Geschenk bewusst machen, das in einer zweckerfüllten Tätigkeit liegen kann.

Es ist für viele eine Illusion zu glauben, es wäre das Höchste, nie mehr tätig zu sein und nur noch den Bauch in die Sonne zu halten. Es mag Menschen geben, die von der Natur dazu geschaffen sind, die meisten aber müsste man fragen, warum sie dann nicht als Zebra oder Faultier inkarniert sind.

Wenn wir schon arbeiten, wäre es gut, wenn wir mehr und mehr dahin kommen, dass jeder das tun kann, was ihm ohnehin am meisten Freude macht und wozu er sich von Gott inspiriert fühlt, wir denken, zumindest sollte man darauf hinarbeiten.

Wer backen will, soll backen, wer schreinern will, soll schreinern und wer am Strand liegen will, kann sich vielleicht als Tester für Sonnenöl bewerben und so sein Wirken in den Dienst von etwas Größerem stellen – derart verstanden ist Arbeit wirklich heilig!

Doch auch der Müßiggänger hat seine Berechtigung, wir sollten also nicht über den »Papageno« in uns oder außerhalb von uns schimpfen, was wäre eine Welt ohne Kanarienvögel – arbeiten ist auch nur EIN Weg, Gott zu ehren.

Ein Eingeweihter weiß, dass er ohnehin mit jedem Atemzug dient. Leben IST dienen (wir können gar nicht »nicht dienen«).

Der Eingeweihte kennt keine niederen Arbeiten, weil er weiß: Es kommt nicht darauf an, WAS wir tun, sondern nur noch, WIE wir es tun, in welchem Bewusstsein wir wirken. Dann gibt es auch keine große und kleine Tätigkeit. Dann ist auch nicht so bedeutend, ob wir damit viel oder wenig Wertschätzung durch die Gesellschaft bekommen (»ver-dienen«).

Ob wir Geschirr spülen, den Hof fegen oder ein Haus bauen, nichts wäre unter unserer Würde – auch wenn es Arbeiten gibt, für die wir mehr, und solche, für die wir weniger geeignet sind – aber dafür gibt es ja die Gemeinschaft, sodass jeder das tue, wozu er sich geeignet fühlt.

In dem Sinne wäre Hauptarbeit das ge-bet, wir geben uns SELBST in das LEBEN. Unser Leben wird so zum Ausdruck der EINEN Kraft. »Ora et labora« – nicht viele können in der Weise beten und arbeiten. Wir könnten einmal überlegen, ob es einen Schritt gäbe, die Arbeit in dem Sinne zu heiligen, zu weihen, uns vor und bei der Arbeit von dieser EINEN Kraft begleiten und durchfluten zu lassen. Vielleicht wäre dann vieles möglich, was bisher als unüberwindbar galt.

Wenn aber unsere Arbeit einer Selbstvergewaltigung gleichkäme, dann wäre sie vielleicht gar nicht unsere Arbeit und wir könnten sie loslassen, delegieren oder andere Formen des Ausdruckes finden.

Indem wir zur rechten Zeit – JETZT – das Richtige tun – das, was uns »ENT-SPRICHT« (d.h. »aus uns spricht«) – und im rechten Bewusstsein sind – dem, das jeweils anzusprechen ist – erleben wir auf allen Ebenen unser Wirken im Einklang mit der Schöpfung – HIER und JETZT. Oder wie Meister Eckehart sagt:

> *»Der richtige Augenblick ist immer JETZT,*
> *der richtige Mensch ist immer der,*
> *der dir gerade gegenübersteht, und*
> *die richtige Tat ist immer Seine Liebe.«*

Arbeit könnte somit dazu da sein, unser wahres Selbst, die Liebe, zum Ausdruck zu bringen, durch das, was wir gerade tun in unverwechselbarer Art und Weise. Wenn wir Arbeit so erleben, wäre Arbeit zugleich Gottesdienst. Wir wirken in Harmonie mit der Schöpfung, d.h. in der Fülle mit dem, was wir tun und sind. Eigentlich gehört zur Fülle auch eine ausreichende materielle Versorgung als Gegenleistung für unsere Arbeit und unser Sosein. Es besteht durchaus das Recht und vielleicht sogar oftmals die Aufgabe, auf den Wert unseres SEINS und unseres TUNS hinzuweisen, diesen Wert vermarktbar zu machen.

Sollten wir für unsere Arbeit keine Wertschätzung durch die Gesellschaft genießen, kein Geld bekommen, könnten wir uns fragen, ob dies so sein soll, z.B. weil wir aus ganz bestimmten Gründen bewusst oder unbewusst eine Außenseiterrolle gewählt haben. Doch oftmals ist mangelnde Anerkennung durch die Gesellschaft ein Mangel im Bewusstsein, den wir heilen können, indem wir uns des Wertes ganz bewusst werden, mit dem wir ausgestattet wurden, des Wertes, der sich aus uns ER GIBT. Die Gesellschaft wird einen schon nicht kreuzigen oder fallen lassen, wenn man zu sich selber steht, und über das innere Gebet bekommt man sehr gut ein Gefühl für die eigene Angemessenheit.

Du hast eine Existenzberechtigung, weil du existierst, weil die Schöpfung dich hat in Existenz treten lassen. Schon deshalb bist du wertvoll, »wie du bist«.

Den Wert deiner Arbeit und deines Seins auszuformulieren könnte ein Bestandteil deiner Lebenskunst sein und durchaus im Einklang mit einem Leben in SEINER Gegenwart, wobei es hier nicht um Quantität, sondern mehr um Qualität in der Selbsteinschätzung geht.

## Erfolg und Fülle bitte nicht missverstehen

Die Fülle kann auch eine Fülle von Problemen oder Auseinandersetzungen bedeuten – dies aber ist nur ein Kompliment des Schicksals an unsere Lösungsfähigkeit. Wir haben ein Recht darauf, mit dem Menschsein ab und zu ein Problemchen zu haben, sonst wären wir Engel und keine Menschen. Wenn wir dies wissen, dann können wir jeden Schritt gehen und uns erlauben, manchmal sogar genießen, ohne gleich am Ziel sein zu wollen.

Eugen Roth sagt: »Der Mensch blickt in der Zeit zurück und sieht, sein Unglück war sein Glück.« Um selbst der Weg, das Leben und die Liebe werden zu können, bedarf es der Fülle dessen, was für uns gut ist, und das ist nicht immer, was uns schmeckt, wohl aber immer das, was uns heiler werden lässt und damit näher zu Gott bringt!

Alles, was wir erleben, erlebt Gott in uns. Wenn wir ganz bewusst in SEINER Gegenwart leben, dann können wir getrost alles, was wir erleben, als Ausdruck SEINER Gnade betrachten – Leben IST Gnade.

Wir könnten es so sehen: Indem wir uns selbst lieben, wie wir sind, und unsere Umstände, erweisen wir uns SEINER Gegenwart als würdig, erleben Gott als das Ganze. Unser Verstand hat Vorstellungen von dem, was »Fülle« ist und was »Erfolg« ist. Diese Vorstellungen sind gesellschaftlich oder erblich geprägt oder ergeben sich aus einer inneren Logik, die zwar einleuchtend ist, aber trotzdem falsch sein kann.

Wir denken manchmal, Gott will nur das Angenehme durch uns, das, was wir für die Fülle halten. Doch wenn wir unser Bewusstsein über die klein karierten Normen unseres Verstandes erheben, erkennen wir, dass Gott durch uns ein ganz bestimmtes Erfahrungspotenzial machen möchte, jenseits von »gut« und »böse«.

In diesem Erkennen gibt es keinen eigentlichen »Misserfolg«, ständig ER FOLGT etwas – was für eine Fülle! – und wir lernen, Leben aus einer größeren Tiefe zu verstehen. Wenn wir ständig versuchen, Gott unsere Maßstäbe von Erfolg vorzuschreiben, können wir den Erfolg, der ständig erfolgt, nicht sehen, wir suchen dann die Fülle an der falschen Stelle.

Versuchen wir nicht gewaltsam das eigene oder fremde Schicksal zu ändern oder gegen den Lauf der Welt anzugehen, sondern stimmen wir uns ein in den Fluss der Zeit. Alles kommt zu Seiner Zeit in Seiner Form:

Bevor unser innerer Same nicht zum Aufplatzen bereit ist, kann nichts Neues aus ihm hervorwachsen. Würde man einen Lotuskeimling zu früh aus dem Sumpf ziehen, gäbe es keinen Lotus. Würde man einem Schneeglöckchen durch Frostigkeit den Durchbruch versperren, würde man ebenfalls das Symbol göttlichen Erwachens behindern.

Leben in SEINER Gegenwart bedeutet letztendlich, dass WIR eins mit dem Leben werden, wie immer es geschieht, und gleichzeitig im Schöpferbewusstsein leben. Dann gibt es keinen Misserfolg und keine »Nicht-Fülle«, weil ständig etwas, was auch immer, geschieht. Welche Biegungen auch immer unser Lebensfluss macht, wir leben in SEINER Gegenwart – was für ein Wunder.

Das Problem des Zieles ist dann nicht mehr unser Problem, sondern SEIN Problem durch uns und wir sind Betrachter, Akteur, Zuschauer und Erlebender, Verwunderter und Wunderer in einer Person. Haben wir endlich unser »Dagegen-Sein« losgelassen, erleben wir – was für eine Fülle!

Erkennen wir beides, den Willen Gottes in uns und den Willen des Gottes im großen Plan in Übereinstimmung, erfahren wir uns selbst als Träger, Schöpfer und Überwinder unseres eigenen Schicksals, als Ein-verstanden-Sein.

## Die Legende vom König und dem Tod

Eine Geschichte erzählt von einem König, der nachts träumte, dass der Tod ihn am nächsten Sonnenuntergang besuchen käme. Am nächsten Tag ließ er sein Pferd satteln, denn er wollte dem Tod entfliehen. Er ritt bis über die Grenzen seines Reiches hinaus und irgendwann bei Sonnenuntergang ließ er sich ermattet von seinem Pferd gleiten und entspannte sich unter einem Baum. Da klopfte ihm jemand von hinten auf die Schulter und als er sich umsah, blickte er Gevatter Tod in die Augen und jener sagte: »Ich habe hier auf dich gewartet, Gott sei Dank hast du es geschafft, ich dachte schon, du wärst nicht zeitig da!«

Ein anderer König träumte, ihm würde beim nächsten Sonnenuntergang an einer ganz bestimmten Kreuzung ein Ast auf den Kopf fallen, der ihn töten solle. Der König erkundigte sich, ob es eine solche Kreuzung in der Welt gäbe, und es gab sie, sie war eine Tagesreise von seinem Palast entfernt. Der König sagte seinen Untertanen, er wolle zeitig in Richtung dieser Kreuzung starten, damit er auch pünktlich da sei. An der Kreuzung angekommen, fand er auch den entsprechenden Baum, setzte sich unter ihn und genau bei Sonnenuntergang fiel der Ast vom Baum, wie es der König geträumt hatte. Doch der Ast berührte den König nur leicht und verletzte ihn kaum merklich, während der König in tiefer Meditation und Einverstandensein mit seinem Schicksal war – auch ein Erfolg, aber diesmal ohne Stress.

Wir lernen aus der Geschichte, dass in der Gegenwart Gottes zu leben nicht bedeutet, die Schicksalskräfte austricksen zu wollen, sondern mit ihnen zu kooperieren – alles andere wäre unnützer Stress. Dies bedeutet jedoch nicht, den Tod grundsätzlich zu akzeptieren, ohne vorher überprüft zu haben, ob er nicht viel zu früh an unsere Türe klopft. Es bedeutet lediglich, aufmerksam zu spüren, was das Leben JETZT von uns erwartet. Manchmal erwartet es auch von uns, dass wir das Schicksal nicht als unabänderlich akzeptieren, sondern unsere Kräfte einsetzen, um über unser Schicksal hinauszuwachsen. Beides kann richtig sein. Wir sollten in dem Zusammenhang darum bitten, »die Kraft zu haben, um das zu ändern, was zu ändern ist, die Gelassenheit zu haben, das hinzunehmen, was nicht zu ändern, und die Weisheit zu haben, das eine vom anderen zu unterscheiden«.

## Licht und Schatten ausbalancieren

Wir sollten bei aller Erkenntnis über die Fülle SEINER Gegenwart nicht schulmeistern und nicht jemanden, der leidet oder Angst hat, beschuldigen »nicht richtig gebetet« oder »nicht geglaubt« oder »nicht positiv gedacht« zu haben. Es kann sein, dass wir Recht haben, muss aber nicht.

Auch Leid und Schwierigkeiten sind göttlicher Natur und im Himmel werden, so sagt eine Legende, auch Zertifikate für das Durchschreiten jener dunklen Täler, Expertisen für das Verstehen von Angst und Pein ausgestellt. Auch wenn jene nicht das Hauptfach des Lebens darstellen sollen, ohne ein Zertifikat über das Verstehen auch der dunklen Seiten des Lebens, kann jemand nicht vollkommen sein, denn Gott ist alles, was ist.

Was wissen wir schon, was »richtig« ist? Auch der, der sich des Nachts Friedhöfe anschaut oder mit Homöopathie experimentiert, ist auf SEINEM Weg, auch sein Leben ist ein ge-bet, ob er sich dessen bewusst ist oder nicht.

Schwierigkeiten im Leben weisen also nicht immer darauf hin, dass man ein Versager wäre oder Gott einen weniger liebt als einen anderen oder man einfach Pech hat, sondern nur, dass Leben sich hier anders entfaltet, als wir es vielleicht für ideal halten, und das kann solche und solche Ursachen haben. Vielleicht ist man ja ein Pionier, der brachliegendes Land freischaufelt, während jener, bei dem sich Leben permanent frei und wunderbar entfaltet, sich nur auf den bereits erforschten Straßen bewegt.

## Die Legende von dem schwarzen Schaf

Eine Geschichte erzählt von einer Herde weißer Schafe und unter ihnen gab es ein schwarzes Schaf, die lebten in freier Wildbahn. Da kam ein Mensch daher und warnte sie vor dem bösen Wolf und empfahl den Schafen, dass sie fortan in einem Gatter leben sollten, um vor dem bösen Wolf geschützt zu sein, und alle Schafe taten dies, sie gingen in das Gatter, nur das schwarze Schaf nicht. Dann sagte der Mensch, so ein Wolf sei gefährlich, er könne auch über Gatter springen, es sei besser, sie ließen sich in den Stall einschließen, und alle Schafe taten, wie ihnen geheißen, nur das schwarze Schaf nicht. Dann holte der Mann ein großes Messer und stach ein Schaf nach dem anderen ab, denn der Mann war von Beruf Metzger – nur das schwarze Schaf nicht, das in freier Wildbahn von Gottes Natur lebte, sich in einen schwarzen Schafbock verliebte und mit ihm eine ganze Herde schwarze Schäflein zeugte, die aber erstaunlicherweise alle um die Nasenspitze einen kleinen weißen Punkt hatten.

## Die eigene Rolle erkennen

Die Geschichte vom »schwarzen Schaf« soll uns jetzt nicht auffordern, von unserer Gutgläubigkeit Abstand zu nehmen, aber sie kann uns helfen, eingefahrene Denkvorgänge einer kritischen Prüfung zu unterziehen. Wir lernen aus der Geschichte, dass wir nur unserem eigenen Instinkt vertrauen können. Nicht immer ist es sinnvoll, aus der Herde oder dem Gatter auszubrechen, und nicht immer ist es sinnvoll, in ihr/m zu verweilen. Wir können und müssen den ureigenen Weg gehen und dieser kann manchmal etablierten Spuren folgen oder völliges Neuland suchen, ein Außenseiterdasein oder eine gesellschaftskonforme Positur bevorzugen, je nach individueller Disposition. Auch jene können wir nur durch Selbsterforschung (Gebet etc.) finden.

Wir selbst müssen den Weg gehen und alleine wir selbst sind für das »Er-Geb-Nis« verantwortlich. In letzter Instanz heben sich alle Polaritäten auf, wir erkennen unsere ureigene Rolle im Lebensspiel und spielen sie unabhängig davon, ob polarisierende Bewusstseinsebenen uns als schwarz oder weiß, als Meister oder Idioten, als Gott oder Gangster betrachten, wir leben aus SEINER Wahrnehmung, wie immer sie sich zeigt, und lassen auch unsere Vorstellungen von Vollkommenheit los, denn auch dies wäre eine Fixierung.

Sind wir uns der Fülle von allem bewusst, mit der ER uns segnet, erleben wir uns unabhängig von äußerem scheinbaren Mangel oder vorübergehenden Schwierigkeiten stets Gott nahe, stets bestrebt, in jeder Situation authentisch WIR SELBST zu sein.

Dass es einem natürlichen Drang entspricht, letztendlich das, was wir für gut halten, zu erringen, liegt auf der Hand. Dass wir uns gerne als Schöpfer, als DER EINE erfahren und es eben lieben, jene Form der Fülle zu verwirklichen, die unserer individuellen Freude entspricht, denn Gott ist auch Freude.

Leben findet immer jetzt statt, und zwar so, wie wir sind, und dessen bedarf es keines Urteils, sondern einfach nur der Liebe, die uns auf unserem Weg in lichten und in hellen Stunden begleitet.

Wenn wir aber verunsichert sind, ob gerade die Zeit angesagt ist, ein weißes oder ein schwarzes Schaf zu sein, können wir beten:

> *»Herr gib mir die Fähigkeit,*
> *die Wahrheit hinter dem Schein*
> *und meine Rolle im Lebensspiel*
> *zu erkennen.«*

## Ego und Gott

Verdammen wir auch nicht das Ego. Das Ego ist nicht »böse«, es ist Ausdruck unserer Persönlichkeit auf der physischen Ebene. Ohne ein solches wären wir nur ein einziger Wackelpudding. Es gibt Menschen, die ihr Ego wegwerfen wollen, und die sehen auch oft wie so ein Wackelpudding aus, sie werden entweder dogmatisch oder haben gar keinen Standpunkt. Das Ego ist ein unendlich wertvoller Begleiter auf dem Weg, denn es schützt uns vor der Zersetzung unserer Struktur, es ist die Kraft der Sonne in uns, die uns vor den plutonischen Auflösungserscheinungen und ihren Verführungen zum »Nicht- mehr-sein-Wollen« bewahrt.

Nur: Wir sollten unser Ego nicht zum Diktator machen, wir sollten es mit Gott verbinden. Wir sollten uns unseres Egos bewusst sein wie eines Freundes, den wir fragen können, wie es ihm geht. Das Ego verdammen hieße, es in den Untergrund zu schieben, wo es destruktiv oder zersetzend wirken würde, das sind dann die Heiligen, die mit einem Magerquarkgesicht herumlaufen.

Richtig ist natürlich, dass wir uns nicht mit unserem Ego identifizieren sollen, aber als Freund ist es wertvoll, oft blind, aber sehr hilfreich, damit wir die Lebensfreude bewahren. Gut, das Ego ist nicht objektiv, es ist stets subjektiv, es ist, wenn wir so sagen wollen, unser kleines »Ich«.

Wir haben einen unpersönlichen Teil, unser (günstigstenfalls) allumfassendes Bewusstsein und einen Teil, der uns von der Welt abtrennt, unser Ego – und brauchen beide. In der griechischen Mythologie sind dies Castor und Pollux, der sterbliche und der unsterbliche Zwilling. Beide haben ihre Berechtigung.

Wenn wir aufhören, unser Ego zu verdammen, können wir genau den Punkt spüren, wo wir unser individuelles »Ich« sind, und damit die gesamte physische Welt segnen. Gäbe es das Ego nicht, würde diese Ebene sich für uns auflösen und das Leben würde nur noch aus Nebelschwaden und harfespielenden Engeln bestehen. Jenes brauchen wir hier nicht, sonst hätten wir auch als Engel inkarnieren können.

Eine große Gefahr für unseren Weg ist die Illusion der Grenzenlosigkeit, die wir in falsch verstandenen östlichen Religionen zu finden glauben. Die Tatsache, dass wir potenziell in jedem und allem existieren, so wie in einem Stückchen von einem Hologramm stets das ganze Bild enthalten ist, darf uns nicht zur Konturlosigkeit verführen. Es ist gerade das »Ich«, das so genannte Ego, das uns nicht nur in der Illusion des Getrenntseins hält, sondern auch uns Richtung und Orientierung gibt. Ohne »Ich« gibt es auch keine Orientierung und wir sind wie Schiffe ohne Segel. Immer ist es jedoch die Frage, was wir unter dem »Ego« verstehen. Eigentlich bedeutet »Ego« lediglich das »Ich«. In den Kreisen der Spiritualität wird das »Ego« oftmals gleichgesetzt mit unseren Mustern und Fehlprogrammierungen, mit dem »unerlösten Ich«, dieses ist mit der o. a. Betrachtung nicht gemeint.

Wir sollten zudem dafür sorgen, dass unser Ego nicht mehr so viel Schmerz erfahren muss, und dies tun wir am besten, indem wir immer wieder in SEINE Gegenwart gehen, unser kleines »Ich« in Einklang bringen mit dem unpersönlichen »Ich«. Hier können uns auch göttliche Strukturen, Systeme, auch Wunscherfüllungsmatrixen, aber vor allem auch Gebet und Meditation helfen.

# VI. Die Wahrheit über Gott

## Nichtwissen, Lüge und Wahrheit bedingen einander

Leben ist ein ständiger Weg und es hat seinen Grund, warum die Zukunft sich oft in Schleier hüllt. In alten Mysterienschulen wurde es unter Todesstrafe gestellt, die Mysterien zu verraten. Oftmals enthält das Leben uns unsere eigene Zukunft vor, weil wir dann den Weg nicht gehen würden. Ein kluges Sprichwort sagt: »Schildkröten wissen über den Weg mehr als Hasen.« Wer den Weg Schritt für Schritt erklimmt, ist oftmals mehr »zum Weg geworden«, als der, der immer alles im Voraus wusste. Jeder Roman ist langweilig, wenn man die letzte Seite zuerst lesen würde. Manchmal bringt uns sogar die Lüge der Wahrheit näher als die wortwörtliche Wahrheit.

## Die Legende von dem Feuer im Kino

In einem Kino brach ein Feuer aus. Der Filmvorführer wusste, dass, wenn er jetzt Feueralarm geben würde, in dem Gedränge viele Menschen, vor allem Alte und Kranke umkommen würden, denn die Türen zum Notausgang waren viel zu eng gebaut. Also ließ er den Film stoppen und sagte durchs Megaphon: »Liebe Freunde, zur 100-Jahr-Feier unseres Lichtfilmtheaters haben wir im Freien ein Buffet aufgebaut. Bitte drängeln Sie nicht, jeder kommt dran, gehen Sie jetzt freudig und schwungvoll nach draußen.«

## Wahrheit ist relativ und doch unfassbar

Die Legende erzählt weiter, dass alle gerettet werden konnten. Der Filmvorführer hatte eigentlich gelogen und doch hatte er der Wahrheit Nachdruck verliehen, der Wahrheit nämlich, dass er alle retten wollte. Auch wenn wir spirituelle Wahrheit suchen, gibt es verschiedene Wortformulierungen. Was aber ist Wahrheit wirklich? Können wir sagen: »Wahrheit ist das, was uns Gott näher bringt!«? Hermann Hesse bringt dazu folgende Legende:

## Chinesische Legende

Von Meng Hsiä wird berichtet: Als ihm zu Ohren kam, dass neuerdings die jungen Künstler sich darin übten, auf dem Kopf zu stehen, um eine neue Weise des Sehens zu erproben, unterzog Meng Hsiä sich sofort ebenfalls dieser Übung, und nachdem er es eine Weile damit probiert hatte, sagte er zu seinen Schülern: »Neu und schöner blickt die Welt mir ins Auge, wenn ich mich auf den Kopf stelle.« Dies sprach sich herum, und die Neuerer unter den jungen Künstlern rühmten sich dieser Bestätigung ihrer Versuche durch den alten Meister nicht wenig. Da dieser als recht wortkarg bekannt war und seine Jünger mehr durch sein bloßes Dasein und Beispiel erzog als durch Lehren, wurde jeder seiner Aussprüche beachtet und weiter verbreitet. Und nun wurde, bald nachdem jene Worte die Neuerer entzückt, viele Alte aber befremdet, ja erzürnt hatten, schon wieder ein Ausspruch von ihm bekannt. Er habe, so erzählte man, sich neuestens so geäußert: »Wie gut, dass der Mensch zwei Beine hat! Das Stehen auf dem Kopf ist der Gesundheit nicht zuträglich und wenn der auf dem Kopf Stehende sich wieder aufrichtet, dann blickt ihm, dem auf den Füßen Stehenden, die Welt doppelt so schön ins Auge.« An diesen Worten des Meisters nahmen sowohl die jungen Kopfsteher, die sich von ihm verraten oder verspottet fühlten, wie auch die Mandarine großen Anstoß. »Heute«, so sagten die Mandarine, »behauptet Meng Hsiä dies und morgen das Gegenteil. Es kann aber doch unmöglich zwei Wahrheiten geben. Wer mag den unklug gewordenen Alten da noch ernst nehmen?« Dem Meister wurde hinterbracht, wie die Neuerer und die Mandarine über ihn redeten. Er lachte nur. Und da die Seinen ihn um eine Erklärung baten, sagte er: »Es gibt die Wirklichkeit, ihr Knaben, und an der ist nicht zu rütteln. Wahrheiten aber, nämlich in Worten ausgedrückte Meinungen über das Wirkliche, gibt es unzählige, und jede ist ebenso richtig, wie sie falsch ist.« Zu weiteren Erklärungen konnten ihn die Schüler, so sehr sie sich bemühten, nicht bewegen. *(Hermann Hesse, Gesammelte Werke, Bd. 9: Märchen, Legenden © Suhrkamp Verlag, Frankfurt 2002)*

Eine Wahrheit, zu früh gesagt, kann den anderen nicht nur verletzen, sondern sogar in Disharmonie bringen. Früher war er in Harmonie, jetzt ist er nicht mehr in der Lage, mit der alten Lüge zu leben, doch die neue Wahrheit kann er noch nicht leben. Deshalb war bei den ZEN-Meistern immer die Suche nach dem richtigen Zeitpunkt das oberste Gebot. Ja, der ZEN-Meister war sogar oftmals befugt, seinen Schüler zu töten, wenn er durch diese Tat zu diesem Zeitpunkt Erleuchtung erfahren würde, dies musste der Schüler vor dem Eintritt in das Kloster unterschreiben, sonst wurde er nicht als Schüler angenommen.

Viele Legenden berichten davon, dass der Meister seine Schüler jahrelang warten oder unsinnige Übungen machen ließ, bis er spürte, dass der Zeitpunkt für eine Wahrheit gekommen war. Dies gilt auch für uns – Wahrheit ist relativ – insbesondere auf den »richtigen Zeitpunkt« kann es ankommen:

**Beispiel 1:**

Wir würden einem kleinen Mädchen sagen, es wäre für sie Bestandteil ihrer eigentlichen Lebensaufgabe, Kinder zu zeugen und nicht mit Puppen zu spielen. Dies wäre zwar eine Wahrheit, aber der Zeitpunkt, zu dem wir das Kind darüber »aufklären«, wäre verkehrt. Wir würden durch diese »Wahrheit« mehr Schaden anrichten als Nutzen.

**Beispiel 2:**

Wir wären Hellseher und würden einer Ehefrau sagen, dass ihr Ehepartner gar nicht ihr Lebenspartner ist, sondern ein völlig anderer Mensch in fünf Jahren auf sie zukäme, einer Ehefrau, die derzeit völlig glücklich und in Harmonie mit ihrem Sein ist. Wir würden die Existenz dieser Frau und ihre Harmonie empfindlich stören und auch die Entwicklung verhindern, die Ehemann und Ehefrau noch benötigen, bis der Zeitpunkt der Trennung für beide sinnvoll ist. Wir würden die Ehefrau um die Erfahrungen betrügen, die sie mit ihrem Ehemann (noch) machen möchte. Deshalb benötigt der Hellseher eine gute innere Führung, um wahrnehmen zu können, welche Wahrheit gerade hilfreich ist und welche er unterlassen sollte. Oftmals hilft er am besten, indem er nicht die Zukunft voraussagt, sondern aufzeigt, was helfen könnte, um in der Gegenwart stimmiger zu leben.

**Beispiel 3:**

Wir wüssten aus metaphysischen Studien, dass nach gegenwärtigem Stand der Forschung keiner auf der Welt mehr arbeiten müsste und dass der Arbeitszwang, die Konsumgesellschaft und die Geldknappheit nur künstlich aufrechterhalten werden, um »das Rad am Laufen« zu halten. Eine solche »Wahrheit« könnte, würde man sie den Massen zukommen lassen, zu Massenselbstmorden führen, die die Welt im sinnentleerten Chaos hinterlassen würden.


## Ein Gefühl für die aktuelle Wahrheit bekommen

Romane wie »Die Physiker« von Friedrich Dürrenmatt weisen darauf hin, dass, wenn wir jede Wahrheit aus Angst vor Folgen unterdrücken, die Folgen katastrophaler sein können, als wenn wir sie gesagt hätten.

Im Umgang mit der Wahrheit lernen wir vielleicht auch, dass wir eine Wahrheit vorbereiten müssen und als Wissende oftmals in Verantwortung stehen. Der Aufklärungsunterricht sieht für eine Sechsjährige eben anders aus als für eine Sechzehnjährige. Bekommen wir ein Gefühl für den Ausdruck der Wahrheit, der dem Zeitpunkt angemessen ist, bekommen wir auch ein Gefühl für SEINE Gegenwart, beide hängen unmittelbar zusammen.

Natürlich gilt auch, dass wir im Zweifel die Wahrheit, die uns auf der Zunge liegt, ausdrücken sollen (man soll ja auch aus seinem Herzen keine Mördergrube machen), doch sinnvoll wäre es, wenn man mit seinem Bewusstsein vereinbart, dass stets die Wahrheit ins Bewusstsein kommen und artikuliert werden möge, die dem Zeitgeist und der eigenen Entwicklung angemessen ist. In SEINER Gegenwart zu leben bedeutet also auf jeden Fall einen sorgsamen Umgang mit der Wahrheit, die wir erfahren, und mit jener, die wir von uns geben. Sie sollte dem Gott in uns entsprechen. Wahrheit aber ist einer Wandlung unterzogen. Manchmal braucht sie, um sich zu entfalten, einen Ausdruck, der erst einmal unvollkommen, widersprüchlich, tastend ist, bis wir in der Wahrheit stehen können.

## Bringt mich Gedankendisziplin zu Gott?

Bewege ich mich auf der Ebene des Denkens, ist es natürlich besser, »gute«, d.h. aufbauende, ganzheitliche, holistische Gedanken zu haben als »schlechte«, d.h. unachtsame, desinformierende, störende. Es gibt spirituelle Lehrer, die behaupten, dass jeder Gedanke auf einer mikrokosmischen Ebene die Erschaffung eines Wesens ist.

Doch wissen wir ebenso, dass auch im Königreich der Gedanken Licht und Schatten benötigt werden.

Für Schatteneinflüsse sorgt oftmals unser Gefühl, das zwar, wenn es nicht von Bewusstheit getragen wird, blind ist, aber eine gewisse »E-Motion« hat, eine gewisse regulierende Funktion, die oftmals dafür sorgt, dass wir nicht zu sehr in die rein geistige Abgehobenheit abdriften.

Das Gefühl ist irgendwo auch unser Bindeglied zum Fluss des Lebens. Es sammelt sich gerne gleich dem Wasser am niedrigsten Punkt, während die Gedankendisziplin den höchsten Punkt sucht, jenen, wo die »Luft dünne wird«.

Driften wir zu einseitig in »höhere« oder »positive« Regionen ab, können wir mit dem »normalen Leben« nichts mehr anfangen. Vielleicht müssen wir wie Ikaros zwischen dem Licht der Gedankendisziplin und dem Schatten unserer Emotionen balancieren, weder der Sonne zu nahe kommend noch sich von den Talwinden zerreißen lassend.

Eine gute Hilfe kann es auch einmal sein, Abstand von unserem Mentalprozessor »Verstand« zu gewinnen. Die Disziplin wäre dann jenes »Nicht-Denken«, das Buddha empfahl (»Vipassana-Meditation«). Jenes ist nicht ein »Stoppen« der Gedanken, sondern das Erkunden jener Ebene des »inneren Zeugen«, die da weiß: »Ich bin nicht meine Gedankenprozesse, ich bin reine Wahrnehmung.«

Gedanken, die aus jener Gedankenstille heraus kommen, bringen oft ursprünglichere Impulse mit sich als die alten Schallplatten unserer Routine-Gedanken. In einer stillen Meditation könnten wir dann sowohl die »guten« wie auch die »schlechten« Gedanken loslassen (nähere Informationen zu dieser Meditationstechnik bieten die Werke von OSHO über die »Vipassana-Meditation«).

Leben wir in SEINER Gegenwart, können wir komplett das Gedankenkontrollieren loslassen, denn auf dieser höheren Ebene findet Leben unabhängig von den einzelnen Gedankenformen statt. Vielleicht erkennen wir, dass wir selbst gar nicht der Denker sind, sondern dort ein ständig sich gebärender Mentalprozessor ist, der Gedanken in die Welt pulsiert, die wie Eintagsfliegen die Welt inspirieren, doch von denen unser wahres Selbst nicht berührt wird. Vielleicht gelingt es uns, in dieser Loslösung von der Diktatur der Gedanken, seien es positive oder negative, eine Art »inneren Kompass« zu finden, der uns zielsicher zu unserem Zielhafen bringt als reine Wahrnehmung, vielleicht sich so im Strom der Gedankenprozesse bewegend wie ein Öltropfen in einer Badewanne – darinnen seiend und gleichzeitig frei davon seiend – oder wie Jesus sagt: »Mein Reich ist nicht von dieser Welt.«

Störende Gedanken sind ein Indiz, dass wir wieder in die Stille gehen sollten, und zwar für längere Zeit, dann sterben sie ab wie Eintagsfliegen. Wir können dann schauen, ob es ein Muster gibt, das diese Gedanken anzieht, doch eigentlich, wenn wir uns auf IHN ausrichten, regelt sich das von selbst und wir können das Richtige tun, indem wir Gedanken und Gefühle mit einem Hintergrund in Verbindung bringen, der größer ist als sie.

**Beispiel eines Klienten 1:**

»Ich will arbeiten, es regnet und das macht mich depressiv. Jetzt kann ich mich vergewaltigen, indem ich durch eine zwanghafte Gedankenkontrolle: ›Ach was, ist das schön zu arbeiten!‹, mich selbst verschaukele und trotzdem auf Hochtouren arbeite oder mir meine miese Laune wegcoachen lasse. In dem Fall hätte ich bald gar keine natürlichen Empfindungen mehr, nur noch künstlich geschaffene. Meine Emotionen würden den Geschmack von Künstlichkeit bekommen und ich wäre bald ein Erfolgs-Roboter. Ich kann aber auch in die Stille gehen, alle meine Gefühle, Empfindungen wahrnehmen, ihnen meinen Platz einräumen und je nachdem, wie viel Notwendigkeit besteht, wahlweise weiterarbeiten oder wenn ich selbstständig bin, meine Melancholie genießen wie einen schweren Wein und nachts weiterarbeiten.«

**Beispiel eines Klienten 2:**

»Ich rege mich auf über Peter, der mich ständig mit nervigen Anrufen wegen Nichtigkeiten traktiert. Jetzt kann ich alle meine negativen Gedanken über ihn kontrollieren: ›Er ist ja doch ganz toll!‹, doch ich werde früher oder später dann spüren, dass meine Beziehung zu Peter etwas Scheinheiliges, Unechtes bekommt. Ich kann auch meinen negativen Gedanken und Gefühlen über Peter freien Lauf lassen und sie Hinz und Kunz erzählen. Das wäre zumindest deshalb gut, weil ich dann überhaupt in die Lage komme, einmal zu spüren, was ich wirklich über Peter denke, und oftmals muss ich das auch tun, weil ich sonst gar nicht draufkomme, dass ich diese Gedanken habe. Wenn ich aber eine klare Wahrnehmung über das Ganze habe – man hat sie nicht immer – dann kann ich in die Stille gehen und das ganze Spiel, das mit Peter abläuft, alle Glaubenssätze, Überzeugungen usw. erkennen, durchschauen (im wahrsten Sinne des Wortes) – ich erkenne, dass Peter eigentlich nur eine ›innere Person‹ ist, die in mir um Heilung schreit – und ich werde aus der Gegenwart heraus die Schlüssel finden, um das WAHRE SELBST in mir und Peter zu erreichen. In dem Fall entspringt meine neu gewonnene Positivität nicht einer Selbst- und Fremdvergewaltigung (›Was, du denkst nicht positiv?‹), sondern einem mitfühlenden Verstehen und Erlauben dieses Menschen, wie er IST, ich habe sein ›Sosein‹ geheil(ig)t.«

Als Sprungbrett zu einer besseren Lebensgestaltung funktionieren vorübergehend Hypnose, Selbsthypnose, Mentaltraining usw. Sie alle haben ihren Sinn. Wenn ich aber wirklich springen will, muss ich das Sprungbrett selber loslassen und mir bewusst machen, wer ich wirklich bin. Gedankendisziplin im eigentlichen Sinne bedeutet nicht, die negativen Gedanken gegen die positiven auszutauschen, sondern in die Bewusstheit zu gehen, an jenen inneren Ort der Stille, aus dem heraus Bewusstheit geboren wird. Diese Bewusstheit ist ein Sprungbrett ins Erwachen hinein, so wie es in Richard Bachs »Illusionen« heißt:

> *»Seht ein Wesen wie wir,*
> *doch es fliegt!«*

Würden wir Gedankendisziplin benutzen, um all unsere »negativen« Gedanken zu kontrollieren und lenken, würden wir eine isolierte Mentalwelt kreieren und im Labyrinth eines bewertenden Verstandes stranden. Wir würden möglicherweise jeden Menschen belehren, der negativ denkt, könnten mit »normalen Menschen« über »normale Dinge« gar nicht mehr reden, wären gar kein Mensch mehr, sondern nur noch ein Phantom. Da »innen wie außen« gilt, würden wir dann subtil und oft unbewusst auch andere Menschen versuchen zu »lenken« und ihre Gedanken zu »kontrollieren«, wir wären gar kein Erlöser, sondern ein Bazillus, ein Erreger und kein Liebender. Es geht um Bewusstheit, das Wirken aus der Stille heraus, und wenn wir es möchten, auch um ein Gebet, ein Mantra oder eine Realisierung unserer wahren Natur, mit der wir vom Negativdenken in diese Bewusstheit gelangen können.

Letztendlich ist es der EINE, der sich ständig seiner selbst erinnern will – indem wir WIR SELBST sind und dieses Selbst in jedem, allem aufspüren, leben wir in dieser Gegenwart unabhängig von Gedankendisziplin. Wir sind dann nicht »gegen« Leute, die zwanghaft sich um Positivität bemühen (von mir aus kann sich ja auch der Nachbar die Hosen mit der Kneifzange anziehen), aber wir haben einen besseren Ansatz, der uns weniger Stress bereitet, und können diese Krücke loslassen.

Wenn wir in einer Welt unseres Denkens gefangen sind, und fast jeder ist das, in Vorstellungen, Glaubenssätzen, Gedankenmustern, ist Bewusstheit eine Möglichkeit, diese aufzulösen. Durch Bewusstheit können wir uns bewusst machen, wie sehr wir kontrolliert sind durch Gedanken, die man uns eingeimpft hat. Gott steht jenseits aller Gedanken. Der große Befreier ist letztendlich SEINE Gegenwart, das Erlauben von dem, was IST.

Die Weltelite des Sports und der Politik, des Geldes und der Religion begibt sich derzeit in eine Phase, in der sie an das »POSITIVE DENKEN« und an »GEDANKENDISZIPLIN« glaubt, doch dies ist nur eine Zwischenstation, ein Weg zum Weg. Irgendwann wird all dieses »positive Denken« etwas anderem Platz einräumen, das größer ist als eben jenes. Der Mensch wird erkennen, wie sehr er durch »positives Denken« und »Gedankendisziplin« sich permanent in Selbsthypnose und unter Druck bringt, doch dann hat er auch die Hypnose erkannt, unter der er vor seinem Mentaltraining gelebt hat, und seine Disziplin war vielleicht doch sinnvoll, aber erst in der Bewusstheit und dem Leben aus SEINER (Gottes) Gegenwart ist der Mensch wirklich frei.

## Alles darf sein, wie es ist

Wir nehmen WAHR und teilen unsere Wahrnehmung mit anderen, unsere Gefühle, Stärken und Schwächen, Sehnsüchte, Hoffnungen, und werden so »WAHR HAFTIG«, ohne zu überlegen, ob das, was wir gerade äußern, »positiv« im Sinne unseres Verstandes ist – es entspringt und entspricht uns jetzt, also ist es »richtig«, unser leibhaftiger Ausdruck, durch ihn wachsen wir.

Oft macht man den Fehler, durch falsch verstandenes positives Denken zwanghaft zu kompensieren, was man selbst im Inneren vor sich und allen anderen zu verbergen trachtet. Ein Adonis scheut sich, seine Hässlichkeit zu zeigen, ein Erfolgsmensch, seine Ohnmacht gegenüber dem Leben, jene sind der jeweils andere Pol, der umgestülpte Pol von dem, den wir vorzugeben scheinen, mit dem wir aber der Welt zugleich auch dienen. Auch eben dieses darf sein, wie es IST.

Gott offenbart sich im Leben, wie es IST. Wir trachten danach, dies auf dem Weg der künstlichen Disziplin, der Ethik, Moral und der Gottesbilder, zu erkennen und machen so einen, wenn auch notwendigen, Umweg. Der Mensch gelangt vom Primitiven über das Komplizierte zum Einfachen, vom Chaos über die Kontrolle zum Genialen, vom Gottlosen über die Gottesbilder zum Einssein jenseits aller Worte.

In letzter Konsequenz darf alles sein – Leben in SEINER Gegenwart ist keine Kopfgeburt, sondern ein Seinszustand, wie AKRON über die Positur des »Athene gebärenden Zeus« sinngemäß beschreibt:

## Die Positur der Kopfgeburt (Das Bildnis von Gott)

»Die Positur der Kopfgeburt zeigt sich sowohl im Umgang mit einem Gottesbild wie mit der Gesellschaft. In dieser Positur strömt durch die Kommunikationskanäle das Gefühl des Gleichklangs. Es ist dies der Versuch, sich in die Lebensströme einzuschleusen. Auf einer moralischen Ebene hängt dieser Aspekt mit einer Absicht zusammen, sich in dem Charisma von Objektivität zu begeistern. So setzt man seine Qualitäten ein, um komplexere Aussagen gegenüber sich und anderen in poetische und einfache Bilder, Erklärungsmodelle, zu übertragen. In dieser Positur versucht man sich und sein Gottesbild über seine Erklärungen gegenüber sich und der Umwelt zu heilen. Als Ablenken von der eigenen Problematik zeigt sich dies als Kanal für spirituelle Lehren, denn was sollte sich besser für die Kopfgeburt eignen als jene Kunst, sich mit Problemen auseinander zu setzen, ohne sie als die eigenen erkennen zu müssen.

Das eigene Ungesehene gewissermaßen von sich selber in Distanz zu bringen und in der Außenwelt zu manifestieren entspringt jener inneren Verunsicherung einer Kopfgeburt im Gottesbild.

In dieser Positur hat man sich an die geistige Form verloren, welche man zum Inhalt macht, und dieser Form liefert man sich dann aus. Und da ein derart geschaffener Gefühlswert ja wiederum von den Bildern abhängig ist, haben wir hier eine vollständige Auslieferung an die eigene Vorstellung: Indem man so sein Augenmerk auf die Bilder von Gott richtet, formalisiert man seine Gefühle und macht sie hinter ästhetischen Ideen unangreifbar, biedert sich in ästhetischer Androgynität.

Diese Positur versucht sich an objektiver Klarheit, wobei sie sich selber überlistet. Was als Projektionsfläche an die Außenwelt erscheint, ist im Grunde das stetige Bemühen, die anderen als Projektionsfläche für das eigene Gottesbild zu nutzen. Das Problem versteckt sich in dieser permanenten Selbstverstrickung vor sich selbst, indem es sich in den Problemen anderer versteckt und sich im Bild der anderen von der eigenen Lösung überzeugt.

Als Symbol dafür finden wir den Pallas Athene mit seinem Kopf gebärenden Zeus. Hat Zeus sich den weiblichen Aspekt, die Mutter, einverleibt, kann sich die Ungeborene nicht mehr gegen ihn verbünden und so verwandelt sich das, was ihn an der Machtentfaltung hindern könnte, zu einer Kraft, die seine Machtentfaltung unterstützt. Der Preis, den Zeus dafür zahlen muss, ist die offene Wunde, durch die er seine Lösung in die Welt gebärt. Das Denken kann sich nur im Denken spüren und da die Grundlagen des Denkens auch im Denken liegen, können wir hier sehen, wie hinter dem Wunsch nach objektivem Denken geradezu die Wunde blutet, die nach einem Pflaster sucht. Die Welt der Harmonie, wie man sie zu erklären sucht, wird so zu einem Ideal, das eine eigene Mentalwelt kreiert, isoliert von der globalen Wirklichkeit.

Weil man sich dies nicht eingestehen will, braucht diese Positur zur Verdrängung eine eigene Anpassung an die eigene Wunschvorstellung, damit man seine eigene Verlogenheit auch leben kann. Als Methode, Wahrheit zu erlangen, taugen Kopfgeburten nicht. Ist der Kontakt zu den Wurzeln unterbrochen, ist der Lebenssinn verloren.« *(Akron, Das Astrologie-Handbuch, erschienen bei Kailash im Heinrich Hugendubel Verlag, Kreuzlingen/München)*


## Ein Problem unserer Zeit

Wozu ermuntert uns dieses Zitat von Akron? Nun, wir glauben, diese Kopfgeburten, diese Vorstellungen von Gott, diese ständigen Bilder über alles und jedes sind ein Produkt unserer Zeit. Ständig werden wir mit Bildern überhäuft, bis wir nicht mehr wissen, wer wir sind.

Was uns hilft, ist, tief in unserem Inneren nach unserer EIGENEN Wahrheit zu forschen und diese mitzuteilen, nach dem, was UNS gerade wirklich und persönlich bewegt, ob dies ist, dass wir »geil« sind, traurig, depressiv, müde, dass wir Gott in einem Stern haben funkeln sehen oder in einer Blume. Unser persönliches Erleben ist wichtig, doch es sollte aus der Tiefe kommen. Hans Blüher, der große Dichter, schreibt in seinem Werk »Die Achse der Natur«

*»Indem ich mich als Person erfahre,*
*erfahre ich die Liebe.«*

Emanuelle Arsan, die Autorin der Emanuelle-Romane, schrieb in ihrem Buch »Memoiren«: »Vielleicht sind es nur die Körper, die Liebe erfahren können, vielleicht kann der Geist gar nicht lieben?« Vielleicht mögen wir dieser Aussage nicht zustimmen und Liebe auch im Geist und in der Seele finden – und doch ist unser persönliches Erleben wichtig.

Wenn wir Gott als Liebe erfahren, brauchen wir für Gotteserfahrung keine Bilder. Ja, dann stehen sie jener ebenso im Wege, wie ein Dia dem Licht im Wege steht, und doch finden wir IHN auch in allen Bildern, in allen Vorstellungen, so wie das Dia auch durchlässig ist für das EINE Licht, das wir sind.

Wir alle sind umgeben und durchdrungen von dieser EINEN Kraft des Universums, die sich auf verschiedenen Raumzeitgleitern, durch verschiedene Archetypen und letztendlich in und durch uns bewegt. »Was im dreidimensionalen Sein sichtbar, zur materiellen Form und zum materiellen Prozess wurde, ist nur ein Symptom.« (Maria Szepes, »Academia Occulta – Die geheimen Lehren des Abendlandes«, Orbis Verlag). Wictor Charon erläutert die Ideonstränge in seinem Buch »Hyperraum und Atomstruktur«: »Die Ideonstränge, Knotenpunkte der Kraftraumgitter, sind dieses Tor.

Das menschliche Gehirn ist gegenwärtig die denkbar vollkommenste Konvertierungsvorrichtung, wo sämtliche Dimensionen auf diesen Ideonsträngen zusammenlaufen. Da sie alles miteinander verbinden, kann man auf einem Ideonstrang in sämtliche Systeme des Kosmos gelangen.«

Das Leben und alles, was ist, sind Ausdruck dieser EINEN Kraft und auf dem Weg der »Rückerinnerung« umfassend erfahrbar. Es gibt nichts außerhalb von Gott. Alles, was ist, ist Gott.

Wir, die wir auf dem »Weg der Rückerinnerung« sind, durchlaufen in dieser Wanderschaft Phasen und wenn wir ehrlich sind, werden wir erleben, dass wir uns sehr oft in allen Phasen gleichzeitig befinden, so wie der Fluss an der Quelle, der Stromschnelle, der Mündung zugleich ist.

Es kann sein, dass wir in Sachen »Liebe und Partnerschaft« bereits sehr weit sind, während wir in Sachen »materielles Leben auf der Erde« noch ein Krüppel sind. Dann müssen wir hinabsteigen und unsere Kellerkinder heraufholen, bis auch dieser Lebensbereich verwirklicht ist. Jeder mag schauen, in welchem Lebensbereich er sich befindet.

# VII. Sieben Stufen auf dem Weg zu Gott

## 1. Stufe – Ignoranz und Kollision

In dieser Phase beschränkt man sich auf das, was man zählen, messen und wiegen kann, und schreibt dem Geschaffenen sämtliche Ursache und Wirkung zu. Die Um-STÄNDE erscheinen unabdingbar, der Bereich scheint für den eigenen Geist weder durchdringbar noch aufschlüsselbar, alle Umstände erscheinen unerforschlicher Ratschluss Gottes und man selbst ist nur als eine Spielfigur zur inneren Resignation gezwungen.

Obwohl man in der Schule gelernt hat, dass unsere Augen nur 8 % des Lichtspektrums wahrnehmen, machen wir uns in dieser Phase nicht auf die Suche nach den verbleibenden 92 %. Obwohl wir wissen, dass die Substanz ein Ausdruck des Geistes ist, machen wir uns in dieser Phase nicht auf die Suche nach dem Reich der Ideen. Wir sind ein Schläfer, der sich über seine Kohlrouladenträume beklagt. Auch dies ist in Ordnung, nur oftmals nicht gerade hilfreich.

In dieser Phase glaubt man, dass Leben mit der Geburt beginnt und mit dem Tod endet, man glaubt nicht an ein »Leben nach dem Tode«, weder bezüglich seiner eigenen Identität noch bezüglich seiner Projekte, Hoffnungen, Träume, Wünsche, Sehnsüchte. Man »hat es gehabt« und mit dem Tod ist alles aus, »they never come back«.

Wer auf Stufe eins ist, hängt häufig in der Vergangenheit fest (»die gute alte Zeit«) und fürchtet die Zukunft. Es gibt aber auch solche, die die Vergangenheit beklagen und unrealistische Utopien in eine Zukunft verlegen. Auch sie hängen fest, ja oftmals ist sogar ein »Nicht-loslassen-Können« aufgrund alter Traumata oder auch alter Zwischenhöhepunkte verantwortlich für solch eine Haltung.

## 2. Stufe – der Mut zur wahren Suche

Irgendwann kommen wir in einen Bereich, wo wir das Wirken von etwas Größerem vermuten. Oft geschieht dies, wenn wir »Zufälligkeiten« erfahren, die insgeheim doch irgendeine Logik ergeben und die vielleicht auf das Wirken eines »größeren Planes« hindeuten können. Wir beginnen zu erahnen, was der große Psychologe C. G. Jung Synchronizität nennt, wobei dies bereits eine sehr glückliche »Fügung« ist, wenn jemand mit Derartigem konfrontiert wird.

Meist beginnt man irgendwo zu suchen und erfährt Lüge und Wahrheit, Dogmatismus und Verzweiflung und beginnt über Versuch und Irrtum etwas aufzubauen, was vielleicht ein erstes spirituelles Weltbild sein könnte, das zwar auf wackligen Beinen steht, aber doch irgendwie einen GOTT IM INNEN erahnen lässt oder auch im Außen.

Ist man bereits so weit fortgeschritten, dass man die große Ordnung beobachten kann – ob man dorthin über die Astrologie, die Maya-Wissenschaften, eine Religionsform oder das Buch der »Geistigen Gesetze« kommt, ist nicht entscheidend – ist man auf einem guten Weg.

## 3. Stufe – Kooperation

Man versucht, in dieser Synchronizität zu leben, in sie hineinzukommen durch eine entsprechende Geisteshaltung. Man bemüht sich, Gott hervorzurufen. Die Suche richtet sich nicht mehr darauf, OB es etwas Größeres gibt, als vielmehr, WIE es für das eigene Leben verfügbar gemacht werden kann. Man beginnt, Gesetzmäßigkeiten wie einen Schlüssel zu erfahren, und ist dankbar, dass es sie gibt.

Doch müssen diese Gesetzmäßigkeiten auf den »Gott im Innen« eingestimmt werden, weshalb es immer wieder Reibungen gibt, müssen wir doch letztendlich das Gesetz, nach dem WIR angetreten sind, leben und dies ist für ein Stiefmütterchen anders als für eine Kokospalme.

Auch wenn alle (Seelen-)Pflanzen dem Gesetz des Pflanzenwachstums unterliegen, braucht es immer wieder eine persönliche Feinabstimmung, um das Wirken Gottes in eine Versprachlichungsform für das EIGENE Gesetz zu formen, es für den Einzelnen kompatibel zu machen. Es wäre ja auch schlimm, wenn jeder buchstabengenau nach einem für alle gleichen, starren Gesetz angetreten wäre, dann wären wir nämlich keine Menschen mit freiem Willen, sondern Roboter.

Als Mitschöpfer erleben wir natürlich auch das »Gesetz, nach dem wir angetreten sind«, und stimmen es durch das Gesetz von Reibung und Erleuchtung immer wieder mit dem großen Gesetz ab. Wir leben möglicherweise unter dem Druck der Auseinandersetzung, aus Kohle Diamanten zu schaffen und später den Brillanten in uns zu schleifen – so könnte der Prozess sich bildhaft darstellen. In diesem Prozess der Feinabstimmung hat möglicherweise jeder seine eigenen Übersetzungen, Bilder, Erfahrungen, Erlösungen und Offenbarungen.

Durch das Verstehen des eigenen Gesetzes, des Gesetzes des Gottes im Inneren und durch die Feinabstimmung mit dem äußeren Gesetz erreicht man auf dem Gipfel des Berges KOOPERATION.


## 4. Stufe – Identifikation mit dem EINEN

Immer mehr erkennen wir, dass wir nicht die Probleme, Sorgen, Nöte des Körpers und der Welt sind, sondern der EINE. Es findet eine Verlagerung statt. Vielleicht ist es so, dass wir uns anfangs zu 99% mit der Welt der Probleme identifizieren und zu 1% mit Gottes Bewusstsein und dieser Prozentsatz sich ändert, bis wir uns zu 99% als Gottes Bewusstsein empfinden und zu 1% als Teil der Welt der Probleme. Jesus sagt: »Mein Reich ist nicht von dieser Welt.«

Wir identifizieren uns nicht mehr mit dem »kleinen Ich«, sondern mit dem ICH BIN, das uns durchstrahlt und überstrahlt wie ein Licht den Lampenschirm. Wir leben aus unserer göttlichen Natur und erkennen die Vollkommenheit unseres wahren Wesens. Wir erkennen, wer wir wirklich SIND auf der Ebene des Seins, und nehmen wahr, wie wir WERDEN in der Ebene der Form:

*»Und du wirst sein eine Blume*
*in der Hand des Herrn.«*

Wir lassen zu, dass SEIN Wille durch uns geschieht, lassen uns von SEINER Erkenntnis führen, die ER GIBT. Wir anerkennen Leben als unseren Partner, anerkennen den, der uns begegnet, als SEINEN Botschafter.

## 5. Stufe – Dreieinigkeitsbewusstsein

Die christliche Mystik kennt die Dreieinigkeit und dies hat seinen guten Grund. GOTT im Himmel, d.h. im höchsten Bewusstsein, hat ein kosmisches Wissen über den Plan und die Rolle, die wir in ihm spielen. In diesem Bewusstsein erleben wir Gott als VATER-Prinzip.

GOTT wirkt durch uns als SOHN-Prinzip. Gottvater kann nicht direkt im Körper wirken, weil er nicht unsere Stofflichkeit besitzt, er hat eine andere Aufgabe, GOTTVATER ist der Architekt, wir sind die Maurer.

GOTT wirkt auch als GEIST, als eben jene Verbindung, die wir suchen, wenn wir in der Außenwelt Gott in jedem und allem sehen. Wenn wir Pfingsten feiern, dann erinnern wir uns des Heiligen Geistes, der daran mitwirkt, dass die Sprachverwirrung, die Verzerrung der Tonpulsation, durch das gefallene Mind-Programm von Babel (»der Turm«) umgewandelt wird in »Vaters Haus«.

Die Karte im Crowley-Tarot »Der Turm« beschreibt den Heiligen Geist als Erscheinen des Allsehenden Auge Gottes (Horus-Auge), der das gefallene Mentalprogramm, das von »mehr, mehr, mehr« besessene Denken, zerstört, begleitet von der Taube, die einen Ölzweig trägt und ein Leben in SEINER Gegenwart verheißt.

Letztendlich sind wir ein Fragment der heiligen Dreieinigkeit und zugleich ein »Ich«. Wir gehen durch die Welt als Ausdruck der EINEN Kraft, eins mit dem EINEN (ohne Vorstellungen darüber zu haben, was dies bedeutet oder wie man dann sein soll) und leben in dieser lebenden Dreieinigkeit in SEINEM Auftrag.


## 6. Stufe – Heruntersteigen (der Avatar):

Wir haben Gott in der Höhe erkannt und in unserem Bruder, in uns und in der Welt. Nun gehen wir wieder in die »normale« Welt und lassen sämtlichen Sonderschein noch einmal los. Der sumerische Mythos spricht vom »Abstieg der Innana in die Unterwelt«. Auf ihrer letzten Reise musste Innana die Stufen zur Unterwelt hinabgehen und schließlich auf jeder Stufe eine Tugend ablegen, bis sie an der untersten Stufe, nackt, ohne Tugend, kniend, dem Hohn und Spott ihrer dunklen Schwester Eschekiel ausgesetzt und dann an einen Felsen genagelt, ihre letzte Einweihung erfuhr. Auch der

Mythos von Prometheus und von Christus am Kreuze offenbart in diesem »Ausgesetztsein« die letzte Stufe vor der Befreiung.

Alex Grey drückt diese Positur in seiner »Reise des verwundeten Heilers« *(Sacred Mirrors, Die visionäre Kunst des Alex Grey, Zweitausendeins Verlag, 2003. Rechteinhaber: Inner Traditions Intern., Ltd., USA)* wie folgt aus:

»Wir sehen das Selbst, das im Niedergang gefangen ist, vergleichbar dem halluzinatorischen Abstieg des Schamanen während seiner Initiation in die Unterwelt. Der Gefangene sehnt sich nach der letzten Freiheit. Der Mensch birst auseinander im ›Mysterium Trememdum‹, eine gewaltige Konfrontation mit den Kräften aus allen Ebenen der Wirklichkeit, der subatomischen, zellularen, planetarischen, galaktischen, psychischen und spirituellen. Die Energie, die das All, die Kraft Gottes, belebt, bricht aus dem Körperselbst hervor und indem sie die Identifikation mit dem von Krämpfen befallenen kleinen Ich zerstört, öffnet sie das Selbst, sodass es mit neuen Kräften verschmelzen kann. Eine alchemistische Schlangenmacht spinnt die Fäden einer integrativen und verändernden Energie, die das neue Selbst zusammenhalten.«

So ist diese Stufe ein Heruntersteigen, das aber von jedem Einzelnen anders erfahren wird und nicht immer im Außen sichtbar ist. Nachdem du dich als Priester-Gott über die Welt erhoben hast, bist du in dieser Positur »herabgestiegen« um des letzten Aufstiegs willen, im Feuer gehärtet, gebrannt in der Transmutation.

Es versteht sich von selbst, dass dieser Prozess nicht forciert und nicht unterdrückt werden braucht, denn jedes gewaltsame Eingreifen in den Prozess würde unnötige Unwegsamkeiten nach sich ziehen. Es ist aber gut zu wissen, dass so ein Niedergang kommen kann.

Auch brauchst du dir keinen Stress zu machen in dem Prozess, ebenso wenig, wie ein wunderschöner Fluss sich Stress machen muss, wenn er die Mündung erreicht, oder ein wunderbarer Bambus, wenn er zu einem Kanal für Bewässerungsfelder wird – die Großen sagen: »Vertraue dem Prozess – egal, was geschieht!« Und: »Es kann auch ganz anders kommen!« Wer soll deinen Prozess besser kennen als DU SELBST? Höchstens jemand, der Erfahrung in solchen Dingen hat, und derer sind nur wenige, also noch einmal: »VERTRAUE DEM PROZESS!«

## 7. Stufe – Wirken als »zu Lebzeiten Befreiter«

Am Ende des Weges, soweit wir es übersehen können, gibt es weder Licht noch Schatten, weder oben noch unten, weder Zeit noch Zeitlosigkeit und doch haben wir alles erfahren. Wir sind das Ganze »auf Erden wandelnd«, bereit und in der Lage, jede Form und jede Vibration anzunehmen. Wir haben uns als den einen, das Ganze, als ALL-ES erkannt. Alex Grey sagt zu diesem Zustand *(Sacred Mirrors, Die visionäre Kunst des Alex Grey, Zweitausendeins Verlag, 2003. Rechteinhaber: Inner Traditions Intern., Ltd., USA)*:

»Im letzten Feld steigt der wieder hergestellte neue Mensch in die mittlere und die obere Welt auf, befreit von den Fesseln, gebadet im Licht. Als Heiler trägt er den kristallenen magischen Caduceus mit den ausgeglichenen Schlangenkräften der unbewussten und geflügelten Vision des Überbewussten. Der neu geborene Mensch erklimmt den Kristallberg eines Selbsts, das die Stärke aus seiner Verantwortung für eine heile Zukunft bezieht!«

Auch in dieser Positur gilt es natürlich nicht, gleich am Ziel sein zu wollen, denn Wahrheit, Vollendung, Abschluss einer Stufe offenbaren sich oftmals anders, als wir es uns vorstellen – am besten begleiten wir jeden Prozess und jede Stufe, ohne sie voranzutreiben, zu unterdrücken oder gar anders sein zu wollen, als wir momentan sind. Natürlich existieren diese Stufen nicht für jeden in genau dieser Form, aber sie sind allgemein geeignet, die Idee des Weges zu verdeutlichen.


## Die verborgene Harmonie

Auch der, der im Außen noch nicht in der Fülle und dem Wohlstand lebt, kann beruhigt sein – alles kommt zur rechten Zeit. Machen wir uns auch von der Göttlichen Harmonie keine fixen Vorstellungen.

Es kann sein, dass man von der Schöpfung gar nicht den Auftrag hat, die landläufige »Eitel-Sonnenschein-Harmonie« oder »Süße-Brei-Fülle« zu verkörpern, sondern irgendwo durchzubrechen. So gab es immer wieder Heilige, Pioniere und große Forscher, die zwar scheinbar in größter Disharmonie lebten, aber die Welt um ihr Dasein bereicherten und die Harmonie der Welt erheblich eingeschränkt hätten, gäbe es sie nicht – denken wir nur an Vincent von Gogh, Friedrich Nietzsche, Karl Spitzweg, Richard Wagner, Robert Schumann, Mohammed der Prophet, Gautama Buddha, Franz Kafka oder Jesus Christus.

Vielleicht entspricht ein »Zarathustra« von Nietzsche, eine Oper von Wagner oder die Musik von Schönberg oder Strawinsky nicht gleich unserem Harmonieverständnis. Vielleicht könnten wir sagen, dass die individuelle Auffassung von Harmonie einem inneren Auftrag entspricht, den oftmals nur der Einzelne selber verstehen und in letzter Konsequenz deuten kann.

Schön ist es für uns oftmals, wenn auch den Pionieren in der Welt ein Durchbruch in unser Bild von Harmonie gelingt, wie wir es möglicherweise bei einem Palästinenserführer Arafat beobachten können. Doch die Harmonie Gottes kennt kein Maß, machen wir uns also auch frei von unserem Verständnis von Harmonie.

Heraklit sagt:

*»Die verborgene Harmonie ist größer*
*als die offensichtliche!«*

Maßen wir uns also nicht an, mit unserem begrenzten Harmonieverständnis darüber zu urteilen, was Harmonie ist, versuchen wir besser, selber »stimmig« zu werden mit uns, unserer Rolle im Lebensspiel und im großen Ganzen. Niemand auf der Welt kann uns sagen, was für uns Harmonie zu sein hat – außer dem Gott inner- und außerhalb. Dort aber brauchen wir besonders feine Ohren und ein umfassendes Bewusstsein, um IHN richtig zu deuten und UNSERE Harmonie zu verstehen. Doch auch wenn dies nicht gleich perfekt gelingt, brauchen wir nicht traurig zu sein, wir haben dafür ein Leben lang Zeit.

## Die Vier-Elemente-Meditation

Im Tibetanischen Totenbuch heißt es, dass unser ganzer Körper nach dem Ableben in die Elemente eingeht, wir selbst aber im Einklang mit den Elementen ewiglich auferstehen können. Die folgende »Vier-Elemente-Meditation« könnte uns dessen erinnern:

»HERR, lass mich sein, wie die Erde ist!
Von Anbeginn der Zeit ist alles gestorben
und zu Erde geworden
und doch ist die Erde
die Mutter allen Lebens.

Die Erde fragt nicht,
ob der Sämann gerecht oder ungerecht ist,
sie nimmt an, gibt Kraft,
lässt gedeihen und wachsen.
Lass mich sein, wie die Erde ist!
Lass mich wie die Erde annehmen, wo man mir gibt,
und tausendfach zurückgeben, was ich bekommen habe.

Die Erde ist verwandelbar.
Sie ändert sich Stunde um Stunde, Tag um Tag
und doch bleibt sie stets gleich.
Die Einsamkeit der Wüste und der Berge
schafft Abstand
zu den lärmenden und glitzernden Dingen unserer Welt
und gibt Klarheit und Ruhe.

HERR, lass mich sein, wie die Erde ist,
klar und ruhig!
Lass mich verwandelbar sein, wie die Erde ist.
Lass mich sein.

HERR, lass mich sein, wie das Wasser ist!
Wasser ist völlig widerstandslos
und überwindet doch den stärksten Widerstand.

Wie immer die Gestalt eines Gefäßes auch sein mag,
das Wasser passt sich dieser Form an.
Und doch formt nichts anderes
so intensiv wie das Wasser.
Denn es war das Wasser,
das den Kontinenten die Form gab.

Wasser arbeitet, aber es strengt sich niemals an.
Es kann eine Mühle antreiben
oder eine Stadt erleuchten,
aber es wird niemals müde.

Wasser ist farblos,
aber was ist ein Regenbogen anderes als Wasser?
Wasser ist geschmacklos,
aber ohne Wasser würde nichts schmecken.

Wasser lehrt uns Demut,
denn es sammelt sich stets am niedrigsten Punkt,
und doch beugt sich selbst der Mächtigste zu ihm herab,
um zu trinken.

HERR, lass mich sein, wie das Wasser ist!
So formbar und so formend – und so demütig.

HERR, lass mich sein, wie die Luft ist!
Lass mich so wie die Luft eine tragende Kraft sein –
die Kraft, die die Mücke so sicher trägt wie den Adler.
Ohne Mühe erreicht sie den höchsten Berggipfel,
bewegt die Zweige einer Linde als Abendwind
oder verwandelt als Sturm die Erde.

Und immer bleibt sie unsichtbar
und vollbringt doch stets ihr Werk.
Die Luft gibt ohne Preis und versagt sich nie,
ist niemals erschöpft und füllt jede Leere aus.

Luft ist der Atem des Lebens,
denn ohne sie ist kein Leben möglich.

HERR, lass mich sein, wie die Luft ist,
die Luft, die durch nichts begrenzt ist!

Lass mich überall sein, wo ich gebraucht werde,
und mein Werk tun, ohne auf Dank zu achten.

HERR, lass mich sein, wie das Feuer ist!
Feuer verwandelt alles, was es berührt.

Lass mich wie das läuternde Feuer
alles Unreine in mir verbrennen,
damit das Reine hervorscheinen kann.

Das Licht meines Denkens soll leuchten wie Feuer
und die Liebe meines Herzens strahlen wie Feuer.

Lass in mir das ewige Feuer der Liebe brennen,
lass alles, was ich berühre, in Liebe brennen.
Lass mich mein Herz und die Herzen der anderen
entzünden mit dem Feuer der Liebe.

Lass dieses Feuer immer weiter um sich greifen
und die Welt entzünden,
bis das Feuer der Liebe die Welt erleuchtet.
HERR, lass mich sein, wie das Feuer ist.

Lass in mir ewig den Wunsch brennen,
zu Dir zu finden.

Lass mich leuchten
im Feuer der Liebe,
das alles entzündet
und alles verwandelt in Liebe!

HERR lass mich sein!
Lass mich sein, was Du willst.
Und so möchte ich jetzt meinen eigenen Willen übergeben
und dankbar Deinen Willen durch mich geschehen lassen.

Ich bin nach Hause zurückgekehrt
und so erbitte ich Deinen Segen.
Vater, wenn es sein darf, segne mich.
Vater, ich danke Dir für Deinen Segen.

Ich danke Dir dafür, dass ich in Deiner Gegenwart lebe,
in der Geborgenheit Deiner Liebe
und in der Sicherheit Deines Willens.
Vater, ich danke Dir,
dass ich nach Hause zurückkehren durfte
und dass Du mich mit offenen Armen empfangen hast.

Ich danke Dir für Deine Liebe
und will dankbar durch mein Leben gehen
und Deine Liebe weitergeben.

Auch ich lebe in der Sicherheit Deines Willens
und in der Geborgenheit Deiner Liebe.
Danke, dass ich bin!

## Nachwort

Manchmal denken wir, dass Gott einfach Liebe ist, die jenseits aller Worte und Ant-Worten liegt. Hätten wir alle Ant-Worten auf SEINE Gegenwart, würden wir aufhören zu suchen, würden aufhören, »auf dem Weg zu sein«. Wir glauben, ein Leben in SEINER Gegenwart wird uns bei all seiner Widersprüchlichkeit immer und endlos bewegen, einfach deshalb weil die Liebe ohne

**ENDE**
ist.

# Literatur


- Akron/C. F. Frey, Das Astrologie-Handbuch, Hugendubel 2001
- Akron/Hajo Banzhaf, Der Crowley-Tarot, Hugendubel 2004
- José Argüelles, Surfer der Zuvuya, Bauer, Freiburg 1997
- Emanuelle Arsan, Secrets of Emanuelle, Mayflower Verlag
- Richard Bach, Illusionen, Ullstein TB, 1989
- Hans Blüher, Die Achse der Natur, BoD GmbH, Norderstedt 2002
- Wictor Charon, Hyperraum und Atomstrukturen, Heyne Verlag 1994
- Khalil Gibran, Der Prophet, Walter Verlag 1998
- Johann Wolfgang von Goethe, Schriften zu Farbenlehre 2 (Hg. von Reinhard Hobel), Cotta 1963
- Sacred Mirrors. Die visionäre Kunst des Alex Grey (Hg. von Ken Wilber u.a.) Zweitausendeins-Versand GmbH, 1996
- Hermann Hesse, Gesammelte Werke, Bd. 9: Die Märchen, Legenden, Übertragungen, Dramatisches, Idyllen, Suhrkamp TB 2002
- James J. Hurtak, Das Buch des Wissens. Der Schlüssel des Enoch. Academy for Future Science, 2001
- Turiya von Hannover, Meditations-CD »Mir und anderen verzeihen«. Eine geführte Meditation zur Selbstheilung, Edition Innenwelt, Köln
- Osho, Meditation, die große Freiheit, GoldmannVerlag 1999
- Maria Szepes/W. Charon, Die geheimen Lehren des Abendlandes. Accademia Occulta, Orbis 2003

# Im Buchhandel und Internet finden Sie stets brandaktuelle Themen, sowie zeitlose Wissensschätze von *Kurt Tepperwein!*

Folgende Bücher und E-Books können Sie direkt über den BoD-Verlag (www.bod.de/www.bod.ch) detailliert einsehen, bevor Sie sich für Ihr Wunschthema entscheiden:

- Ab heute bin ich frei!
- Bäume ausreißen! – Trainingsheft für mehr Motivation
- Berufskrise ade! – Frei sein von Arbeitssucht, Stress, Burnout, Mobbing, Innerer Kündigung und Arbeitslosigkeit Bewusstseinssprung in eine neue Dimension
- Blinddate mit Magen und Darm
- Bring Farbe in dein Leben mit Dankbarkeit
- Bring Farbe in dein Leben mit einem einfachen Lächeln
- Bring Farbe in dein Leben mit Heiterkeit
- Bring Farbe in dein Leben mit Herzensfülle
- Bring Farbe in dein Leben mit Hingabe pur
- Bring Farbe in dein Leben mit Liebesweisheit
- Bring Farbe in dein Leben mit Seelenkraft
- Bring Farbe in dein Leben mit Stille in dir
- Bring Farbe in dein Leben mit Wertschätzung
- Bring Farbe in dein Leben mit Zeitlosigkeit
- Das Buch der Erfolgsgesetze
- Die hohe Schule des Lebens
- Die Kunst mühelosen Lernens
- Die Praxis der geistigen Gesetze
- Die Renaissance der Frauenpower – 7 Schritte zur Liebesfähigkeit
- Du bist wie du bist!
- Ein Leben ohne Ängste und Sorgen? – Trainingsheft für mehr Lebensqualität
- Einfach nur schön
- Endlich wieder FIT! – Trainingsheft zur Gesunderhaltung
- Erwachen zum wahren Sein
- Folge deinem Leitstern
- Frau sein – ganz sein, Mentaltraining für eine neue Weiblichkeit
- Geistheilung durch sich selbst
- Gelassenheit
- Gelebte Achtsamkeit

- Gestalte dein Leben einfach neu! – Energetischer Impulsgeber zum Thema Alltagsführung
- Gesund für immer
- Glaube an Dich!
- Glücks-Gesetze
- GoldenWay Edition: Das Leben als Einweihungsweg
- GoldenWay Edition: Ihr Zauberstab Gedankenkraft
- Hilf dir selbst. Sei du selbst. Gesunde!
- Kausal-Training
- Leben im Überfluss, Die Zukunft selbst bestimmen
- Leben in der Gegenwart der Engel
- Liebst du mich auch? Energetischer Impulsgeber zum Thema Partnerschaft
- Nie mehr ärgern, bewusster leben
- Nie oder Jetzt! Aufbruch zur wahren Identität
- Out-Burn, Burn-out umkehren. Der Ausweg aus der Erschöpfungsfalle.
- Perlen der Weisheit
- Probleme adieu! Trainingsheft zur Konfliktbesänftigung
- Schreib Dein Leben um
- Selbstbewusst durchs Leben! – Energetischer Impulsgeber
- zum Selbstwert und Sicherheit
- Selbstheilungskräfte aktivieren
- Sinnfindung leicht gemacht! – Energetischer Impulsgeber
- zum Thema Bewusstwerdung
- Tepperwein Magazin der neuen Generation
- Tepperwein Magazin der neuen Generation 2
- Tepperwein Magazin: Wünsche & Träume mit Mental-Training verwirklichen
- Verwirklichung
- Wahre Freundschaft: Tierisch echt!
- Was wünscht du dir vom Leben?
- WEIH-NACHTEN
- Willkommen in der Leichtigkeit
- Willst du erfolgreich sein? – Leitfaden zu Reichtum und Erfolg
- Wunder vollbringen durch schöpferische Imagination
- Zeit halt, stehengeblieben! – Trainingsheft für ein gutes
- Zeitmanagement

# Meine Notizen:

# Meine Notizen:

# Meine Notizen:

# Meine Notizen:

# Meine Notizen:

# Meine Notizen:

# Meine Notizen:

# Meine Notizen:

# Meine Notizen:

# Meine Notizen:

# Meine Notizen:

# Meine Notizen:

# Meine Notizen:

# Meine Notizen:

# Meine Notizen:

# Meine Notizen:

# Meine Notizen:

# Meine Notizen:

# Meine Notizen: